BREVIARIOS
del
FONDO DE CULTURA ECONÓMICA

538
INTRODUCCIÓN
A LAS POLÍTICAS PÚBLICAS

Introducción a las Políticas Públicas

por Eugenio Lahera Parada

[anotación manuscrita: Para Vanesa. Por Asumir éticamente el caso: Gestión de OPNES. Febrero - Junio 2004. Prof... firma]

FONDO DE CULTURA ECONÓMICA

MÉXICO · ARGENTINA · BRASIL · COLOMBIA · CHILE · ESPAÑA
ESTADOS UNIDOS DE AMÉRICA · GUATEMALA · PERÚ · VENEZUELA

Primera edición, Chile, 2002

© Fondo de Cultura Económica
Carretera Picacho Ajusco 227; 14200 México, D.F.
© Fondo de Cultura Económica Chile S.A.
Paseo Bulnes 152, Santiago, Chile

Registro de propiedad intelectual Nº 127.323
I.S.B.N.: 956-289-033-3

Coordinación editorial: Patricia Villanueva
Diagramación y composición: Gloria Barrios

Impreso en Chile

Para Olimpia y Lotte
Para Alicia y nuestros
hijos Leonor y Tomás

PRESENTACIÓN

Este trabajo pretende ser un aporte a todos aquellos para quienes las políticas públicas son importantes: alumnos, dirigentes sociales y políticos, funcionarios de gobierno y del sector público en general; empresarios, miembros de ONGs y otras organizaciones privadas; así como para cualquier otro ciudadano con interés en los temas públicos.

Aquí se considera a las políticas públicas como unidad de análisis del sector público en general y del gobierno en particular. Con ello se apunta a un objetivo analítico. Esto se fundamenta en la primera parte del estudio.

En la segunda parte se considera el aporte de las políticas públicas a una discusión racional de la agenda pública y de los programas de gobierno. Con ello se quiere aportar al mejor funcionamiento del sistema político.

En la tercera parte se estudia la mejora de las actividades del gobierno, incluyendo el diseño, gestión y evaluación de las políticas públicas. La gestión pública es analizada en un sentido estricto, como parte de un ciclo analítico de las políticas públicas. De ese modo se analiza el proceso de reforma del Estado en torno a las políticas públicas.

Para poder presentar todos estos temas, el trabajo no profundiza en cada una de ellos y en aras de la brevedad, prácticamente carece de diagnósticos, concentrándose en propuestas para discutir mejor la agenda social y los programas de gobierno, así como para gobernar en democracia. Esto se compensa con el uso extensivo de la bibliografía citada, en la que el lector o lectora puede profundizar los temas de su interés.

El autor agradece a los alumnos y alumnas, así como a sus colegas, la atención, los comentarios y las críticas recibidas a estos temas expuestos en clase, en distintas universidades, pero especialmente en la Universidad de Chile. En particular agradece a Héctor Assael, Mireya Dávila, Alicia Frohmann, María Pía Martin, Alejandra Mizala, Federico Smith, Pilar Romaguera y Gabriela Rubilar. Don Aníbal Pinto, cuya partida aún lamentamos, fue un sabio consejero. La Cepal proporcionó la tranquilidad para reflexionar sobre estos temas por los distintos países de la región. Edgardo Boeninger y Mario Marcel han sido una referencia permanente en el tema de la reforma del Estado.

La paciencia y cuidado con el texto de Erika Astudillo, María Celia Martínez, Elena de Solminihac y Ángela Rodríguez es valorada y agradecida.

Por supuesto, los errores que aquí se plantean son de la exclusiva responsabilidad del autor.

Primera Parte
¿QUÉ ES UNA POLÍTICA PÚBLICA?

> *El pensamiento económico no es un*
> *cuerpo de verdades concretas, sino un*
> *instrumento para la determinación de*
> *verdades concretas.*
> Alfred Marshall. *Principios*

1. Concepto de políticas públicas

Pese a la frecuencia del uso del concepto de políticas públicas, existen diferencias o imprecisiones importantes de las que pueden desprenderse equívocos analíticos y dificultades operativas.

En el concepto tradicional, las políticas públicas corresponden al programa de acción de una autoridad pública o al resultado de la actividad de una autoridad investida de poder público y de legitimidad gubernamental[1].

Tal concepto de políticas públicas tiene un largo desarrollo en el terreno de la ciencia política y administrativa, especialmente en Estados Unidos. Este enfoque se entronca en el trabajo

---

1. Meny, Ives y J. C. Thoenig (1992*): Las políticas públicas*, Ariel, Barcelona.

de Robert Dewey, quien pretendía unir la resolución experta de problemas con una sociedad democrática activa y de Harold Lasswell sobre las etapas del proceso de decisión[2].

Pero el concepto tradicional de política pública asigna un papel demasiado central al Estado. Es como si las autoridades políticas y administrativas tuvieran una posición excluyente en el tratamiento de los problemas públicos o de las problemáticas colectivas en la sociedad o en un sector de ella. Se ha señalado que la sociedad recurre a múltiples formas de tratamiento de sus problemas colectivos y que la naturaleza de lo político debe ser una cuestión central que no puede darse por sentada ni constituye un dato[3].

Por otra parte, los adelantos tecnológicos en información y las comunicaciones han favorecido un nuevo concepto de políticas públicas. Ellos han creado oportunidades para mejorar los servicios

---

2. Dewey, John (1927): *The Public and the Problems* y Lasswell, Harold (1951): "The Policy Orientation", en Daniel Lerner y Harold Lasswell (eds.), *The Policy Sciences,* Stanford University Press, Stanford.

3. Thoenig, Jean Claude (1997): "Política pública y acción pública", *Gestión y Política Pública,* Vol. VI, Nº 1, 1er semestre. Véase también Torgerson, Douglas (1999): "El análisis de políticas públicas y la vida pública: ¿la restauración de la phronêsis?", en Farr, J., J. Dryzek y S. Leonard (eds.), *La ciencia política en la historia,* Itsmo, Madrid.

públicos, permitir un mejor acceso a la información del sector público y aumentar la participación ciudadana. También han facilitado el manejo interno del gobierno. Así, la reflexión sobre el sector público se está centrando en sus flujos de información y —muy lentamente— su institucionalidad también empieza a corresponder a tal naturaleza. Éste es el marco en el que el concepto de políticas públicas ha adquirido su actual preeminencia.

Así como en el pasado la aplicación de la ciencia y la tecnología en la economía multiplicó la productividad de ésta, la aplicación de la ciencia en el sector público —proceso aún en marcha— deberá aumentar su eficiencia y eficacia[4]. El cambio ha ido del énfasis en la administración al de la gestión (especialmente de la información) y, ahora, a las políticas públicas.

Las políticas públicas son diferentes a otros instrumentos de uso habitual en el sector público, como las leyes, metas ministeriales, prácticas administrativas y las partidas o glosas presupuestarias. Se trata de conceptos operativos distintos, cuyo uso discriminado sólo genera confusión.

Diremos que una política pública corresponde

4. J.D. Bernal (1949): "Science in Economics and Politics" en *The Freedom of Necessity*, Routledge & Kegan Paul, Inglaterra.

a cursos de acción y flujos de información relacionados con un objetivo público definido en forma democrática; los que son desarrollados por el sector público y, frecuentemente, con la participación de la comunidad y el sector privado. Una política pública de calidad incluirá orientaciones o contenidos, instrumentos o mecanismos, definiciones o modificaciones institucionales, y la previsión de sus resultados.

Recuadro N° 1
CONCEPTO DE POLÍTICAS PÚBLICAS

POLÍTICAS PÚBLICAS	— cursos de acción — flujos de información	en relación a un objetivo público definido en forma democrática	desarrollados por	
				S. Público: — orientaciones o contenidos Comunidad:— instrumentos o mecanismos S. Privado: — aspectos institucionales — previsión de resultados

El mínimo de una política pública es que sea un flujo de información, en relación a un objetivo público, desarrollado por el sector público y consistente en orientaciones.

En este libro las políticas están principalmente referidas a las del gobierno nacional, pero cada nivel político-administrativo requiere diseñar, gestionar y evaluar políticas públicas, o aspectos de ellas.

El concepto de políticas públicas incluye tanto a las políticas de gobierno como a las de Estado. Estas últimas son, en realidad, políticas de más de un gobierno. También es posible considerar como políticas de Estado aquellas que involucran al conjunto de los poderes estatales en su diseño o ejecución.

El concepto incluye políticas simples y también las agrupaciones bajo un solo título de varias políticas referidas a un tema o conjunto de temas (el "programa" de Estados Unidos). Se usa la expresión "espacio de las políticas" para denotar un conjunto de políticas tan estrechamente interrelacionadas que no se pueden hacer descripciones o enunciados analíticos útiles de ellas sin tener en cuenta los demás elementos del conjunto[5].

Las políticas públicas habitualmente son un second best respecto de una política óptima que puede no existir[6]. Ellas no son una garantía res-

5. Majone, Giandomenico (1997): *Evidencia, argumentación y persuasión en la formulación de políticas*, Fondo de Cultura Económica, México.

6. Una crítica a la propuesta de Lasswell puede verse en Jenkins-Smith, Hank y P. Sabatier (1997): "The Study of the Public Policy Process" en Jenkins-Smith, Hank y P. Sabatier (eds.), (1993): *Policy Change and Learning: an Advocay Coalition Approach*, Westview Press, Boulder CO. También, de León, Peter: "Una revisión del proceso de las políticas: de Lasswell a Sabatier", *Gestión y Política Pública*, Vol, VI Nº 1, primer semestre.

pecto de la corrección de sus contenidos sustantivos, los que pueden terminar siendo perfectamen-
te equivocados o inconsistentes con los mecanismos propuestos o las soluciones institucionales
definidas en la misma política. Ellas son un marco, una estructura procesal que permite la especificación de las intenciones u objetivos que se
desprenden de la agenda pública.

Con frecuencia la definición de las políticas
públicas es disputada. En definitiva, es una cuestión de poder quien "engloba" a quien.

2. Factores que inciden en la calidad de una política

a) Cursos de acción y flujos de información referidos a un objetivo público definido de manera democrática

El análisis del gobierno centrado en la administración y los organigramas tienden a perder fuerza analítica. De manera creciente los problemas
de la organización gubernamental se refieren a la
organización de los archivos y al procesamiento
de la información; se trata menos de división del
trabajo que del proceso de decisión. Los problemas organizacionales se enfrentan mejorando el

sistema de información de las respectivas agencias y departamentos. De ese modo se pueden considerar las interacciones y trade-offs entre alternativas y sus consecuencias; también se facilita la comprensión de aspectos específicos y su expresión en modelos comprensivos[7].

Mientras la idea de administración pública corresponde a la de una estructura, la de políticas públicas enuncia un proceso y un resultado; el primero es un concepto de stock y el segundo de flujo. La administración es un concepto de equilibrio y las políticas corresponden a un concepto de dinámica. Ello no implica menospreciar los procedimientos y normas administrativas, que son un avance democrático. Es necesario ir más allá, no retroceder.

Como instrumento analítico las políticas públicas permiten ordenar, en torno a la finalidad o propósito de éstas, la información dispersa en las metas ministeriales y en los objetivos administrativos, por una parte, y en las diferentes glosas presupuestarias, por la otra.

Así mismo, las políticas públicas como procesos comunicacionales pueden enfrentar diversos problemas:

7. Simon, Herbert (1964), *Administrative Behavior: a Study of Decision-Making Processes in Administrative Organizations*, Macmillan, New York.

- formulación de políticas sin conversaciones sobre posibilidades
- acciones sin declaraciones
- declaraciones sin acción
- formulación de políticas sin diseño claro de ejecución
- incumplimientos sin reclamos viables[8].

b) *Actores y participantes*

En algunos análisis el Estado aparece como el responsable de determinar por sí solo las políticas a seguir y debería ser también su único ejecutor. Para cumplirlas sólo podría utilizar los métodos tradicionales ya conocidos en el pasado y la única evaluación posible serían las elecciones.

Esta visión es consistente con algunos supuestos sobre el gobierno como entidad con unidad de propósito, con la mayor cantidad de instrumentos posibles, una habilidad perfecta para comprometer acciones y recursos y una clara función–objetivo: la maximización del bien público. Estos supuestos son irreales.

Pero más que por la exclusividad de alguno de sus ejecutores o el carácter tradicional de sus

8. Álvarez, José (1989): "Las políticas públicas como procesos comunicacionales", *Revista de Ingeniería de Sistemas*, Vol. VI, Nº 2, diciembre.

instrumentos, las políticas públicas se caracterizan por la diversidad de agentes y recursos que intervienen en su cumplimiento.

Esto es posible porque los medios con los que el sector público cumple sus objetivos han variado. Además de su intervención directa, las posibilidades de acción del Estado incluyen las de regular, contribuir a generar externalidades y a lograr masas críticas. También la de entregar información y señales a una comunidad cada vez mejor informada y responsable de sus propias acciones.

La comunidad en la que se encuentra el origen del poder democrático legítimamente busca ejercerlo también en este terreno; las personas se interesan y participan en la solución de sus inquietudes, a nivel nacional y a nivel municipal o regional. Por otra parte, se incrementa la participación del sector privado en la puesta en práctica de diversas políticas públicas.

De ese modo el gobierno, sin menoscabo de sus funciones de regulación, control y evaluación, puede utilizar mejor la capacidad de gobernar, que es un bien escaso, y liberar recursos para concentrarlos en sus tareas principales. La integración de los esfuerzos estatales y privados para servir algún fin público —con objetivos bien definidos y reglas del juego claras y estables— lleva a resultados superiores, tanto desde un punto de vista cuantitativo como cualitativo, ya que permite aumentar la participación y la transparencia.

Por supuesto, todos los grupos pueden adoptar actitudes oportunistas o corporativistas. La transparencia es indispensable.

c) Orientaciones o contenidos, instrumentos o mecanismos y definiciones o modificaciones institucionales

La existencia de orientaciones de política no garantiza el cumplimiento de una 'política'. Es posible que dos países tengan idénticas políticas públicas respecto de un tema y que, sin embargo, la cantidad y la calidad de la participación pública —y también los resultados— difieran considerablemente. De otro modo bastaría con tener las orientaciones "correctas", más allá de las consideraciones institucionales y estructurales públicas y privadas.

Sin embargo, las orientaciones analíticamente mejor fundadas pueden fracasar o no consolidarse en un medio institucional adverso. Con frecuencia sucede que quienes proponen políticas públicas no prestan suficiente atención a sus aspectos institucionales. Diversas políticas tienen requisitos institucionales de diferentes tipos y muchos de éstos no están asegurados o —cuando están presentes— lo están de manera diferenciada en las diversas áreas temáticas y geográficas.

No todas las políticas resultan posibles al mismo tiempo: qué hacer y cómo hacerlo son preguntas que no pueden resolverse de modo secuencial en el terreno de las políticas públicas.

Las políticas están acotadas por márgenes políticos y financieros de acción; en cuanto a lo primero, las políticas normalmente corresponden a modificaciones de algo que ya existe, y en cuanto a lo segundo, ellas deben permitir la mantención de los equilibrios macroeconómicos básicos, esto es, los que permiten que la necesaria consolidación del equilibrio fiscal se haga sobre bases permanentes que no dañen los objetivos de equidad y competitividad.

La autoridad debe asignar recursos para el mejor cumplimiento de las políticas públicas, a partir de la jerarquización de las políticas y del uso de los recursos: se trata de una típica decisión económica para satisfacer objetivos múltiples con recursos escasos. Los recursos dependen de la situación de la caja fiscal pero también de otros factores, incluyendo la rigidez de los procedimientos contables, las limitaciones del manejo financiero de empresas y servicios públicos, y en el caso del Presupuesto, de la periodicidad con la que debe ser discutido por el Parlamento.

3. La políticas públicas como unidad de lo público

> *Porque al hombre le corresponde entender lo que se llama con el nombre de la especie, proveniente de la multiplicidad de las sensaciones y reducido a la unidad por el razonamiento.*
> Platón, *Fedro*

Si bien no todo lo que el gobierno hace son políticas públicas, dichas políticas pueden ser utilizadas como la unidad de transacción del sector gubernamental para fines analíticos, políticos y de reforma del Estado.

a) Institucionalidad y transacción

Para la Nueva Economía Institucional —y conforme a la propuesta de John Commons— la unidad básica del análisis institucional es la transacción. De allí que la organización debería reflejar la naturaleza de las transacciones que realiza.

Para este autor, la unidad última de actividad debe contener en sí misma los principios de conflicto, mutualidad y orden; esta unidad es una transacción[9].

9. Commons, John (1932-33): "The Problems of Correlating Law, Economics and Ethics", *Wisconsin Law Review*.

b) Una excursión a los costos de transacción

Las políticas públicas tienen condiciones de existencia y costos específicos, ambos determinados por la estructura del gobierno, así como por el medio legal, político, económico y cultural.

Para Coase el surgimiento de una organización económica es el resultado de los costos imputables a la determinación de los precios del mercado. Con ello se distinguían los costos atribuibles a la transformación física de un bien para ponerlo en el mercado, de los costos para fijar los precios a los cuales debería colocarse en el mercado. La diferencia entre los dos tipos de costos permitió a Coase definir los costos de transacción.

La elección de un tipo de organización conduce a la elección de arreglos contractuales, que a su vez están determinados por el nivel de los costos de transacción. Cada tipo de contrato representa diferentes costos de supervisión, mediación y negociación. La forma de organización económica, junto con la función del mercado, cambia conforme se eligen diferentes tipos de arreglos contractuales[10].

10. Ayala, E. José (1998): Instituciones y Economía, "Una introducción al neoinstitucionalismo económico" (borrador preliminar), México.

Una actividad productiva privada se constituirá en empresa si de ese modo se obtienen costos menores que si cada transacción fuera realizada en mercados específicos. Ello determina el nivel de sus actividades, la complejidad de su organización y su nivel de costos competitivos[11].

Por otra parte, las organizaciones, además de tener alguna función de producción, tienen una estructura de gobernabilidad la cual permite no sólo gobernar internamente a la organización, sino también relacionar a la organización con otras organizaciones para completar las distintas etapas del intercambio y las transacciones. La gobernabilidad de la organización es un factor clave para minimizar los costos de transacción[12].

Puede entenderse al gobierno como una construcción organizacional para la gobernabilidad. La gobernabilidad será un esfuerzo para establecer un orden que permita mitigar el conflicto y obtener ganancias mutuas[13].

Las grandes organizaciones y jerarquías no proliferan en cualquier lugar, sino sólo en aquellos

11. Coase, Ronald (1937): "The Nature of the Firm", *Económica*, N° 4.
12. Williamson, Oliver (1993): *Las instituciones económicas del capitalismo*, Fondo de Cultura Económica, México.
13. Williamson, Oliver (1999), "Public and Private Bureaucracies: A Transaction Cost Economic Perpective", *Journal Law Economics*.

espacios en los cuales las fallas del mercado o los incentivos para disminuir los costos de transacción lo hagan necesario.

El análisis sobre los costos de transacción económica es siempre y en todas partes un ejercicio de institucionalidad comparada[14].

Williamson señala que el mercado y las demás organizaciones pueden fallar. No existe evidencia incontrovertible para sostener la superioridad de uno o de la otra. Ambos son medios alternativos de asignación de recursos y de intercambio, además, cada uno tiene ventajas y desventajas y deben reconocerse los incentivos y desincentivos, la disminución de los costos de transacción, pero también el aumento de los costos de gobernación.

c) *El criterio de la remediabilidad*

Todos los modos de organización tienen debilidades y fortalezas, de allí que la elección sea entre alternativas imperfectas. El criterio de remediabilidad planteado por Williamson se enuncia así: un modo de organización no debería ser condenado como ineficiente a menos que pueda demostrarse una alternativa superior y que respete

14. Williamson, Oliver (1999), *op. cit.*

las mismas restricciones. Dicho de otro manera, una forma de organización para la cual no hay una alternativa factible y posible de implementar con ganancias netas, se presume que es eficiente.

Puede pensarse en el sector público como una forma organizacional última: si los mercados competitivos no funcionan, puede probarse con contratos incompletos de larga duración; si ellos no son suficientes, corresponde establecer firmas. Si éstas son insuficientes agregar regulación y dejar el recurso a las organizaciones públicas cuando todo lo demás falla, en términos comparativos.

Este camino puede tener doble vía, ya que es posible pensar en distintos tipos de organización al interior del sector público[15].

La organización pública suele ser juzgada con referencia a un ideal hipotético, pero tiene más sentido hacerlo en términos institucionales comparativos[16]. Otra manera de mirar al tema es la de entender que los sistemas de interacción económica pueden ser evaluados en términos de la comparativa facilidad con la que los intercambios voluntarios, los contratos, o las relaciones económicas pueden ser conducidas entre los miembros de la comunidad. Es posible determinar

15. Ostrom, Vincent y Ostrom Elinor (1971): *Public Administration Review*, marzo-abril.

16. Williamson, Oliver, *op. cit.*

qué procesos (reglas, leyes, instituciones) facilitan los intercambios[17].

La visión puramente normativa se concentra en la recomendación óptima y descuida las restricciones que reducen el conjunto de lo posible. Por esta razón se sostiene que mientras la economía es el arte de lo óptimo, la política es el arte de lo posible.

d) Proceso político

Las políticas económicas deben ser vistas como procesos económicos y políticos que se condicionan mutuamente[18]. En esta interacción existen costos políticos de transacción, debido a las asimetrías de información en el campo de la acción pública. Los costos de transacción llevan a que las soluciones óptimas sean muy difíciles de alcanzar por la debilidad de los sistemas de incentivos en la esfera pública. Esto lleva a integrar los incentivos que emanan de la racionalidad individual con los incentivos que aparecen en los procesos políticos.

17. Buchanan, James (1998): "Contractarian Political Economy and Constitutional Interpretation", Constitutional Convention Bicentennial, *AEA Papers and Proceedings*, mayo.
18. Dixit, Avinash (1996): *The Making of Economic Policy. A transaction-Cost Politics Perspective*, Reino Unido.

El diseño de las políticas públicas afecta a agentes racionales, cuyas decisiones dependen en parte de sus expectativas sobre dichas políticas. Y dichas expectativas no son invariantes a las políticas seleccionadas. De ese modo, si en cada período la política seleccionada maximiza el valor de los resultados corrientes y el descuento del final del período, la política será consistente, pero no necesariamente óptima[19].

La información incompleta en las interacciones políticas genera problemas de riesgo moral y selección adversa, que reducen la eficiencia de los incentivos asociados a la acción pública. Dixit revisa una variedad de fórmulas para paliar los efectos de los costos de transacción, entre las que están:

- establecer compromisos abiertos
- incentivar competencia
- aplicar reglas de política
- delegar responsabilidades en instancias con autonomía
- ampliar la memoria sobre acciones pasadas
- invertir en reputación
- aplicar normas de transparencia
- usar sistemas de monitoreo

19. Finn, Kidland y Edward Prescott (1982); *Time to Build and Aggregate Fluctuations*, Econometric.

- coordinar los objetivos de las agencias públicas
- evaluar resultados.

4. Consecuencias del criterio adoptado

a) La diferencia entre la política y las políticas públicas

Tú haz las políticas públicas,
yo haré la política.
Dan Quayle, 1992

Es frecuente que se use "política" y "políticas públicas" como sinónimos, pero se trata de cuestiones distintas. La política es un concepto muy amplio, relativo al poder en la sociedad en general. Las políticas públicas, en cambio, corresponden a soluciones específicas de cómo manejar estos asuntos públicos. El idioma inglés recoge con claridad esta distinción entre politics y policies.

Las políticas públicas resultan útiles para estudiar el conjunto de la política, incluyendo la discusión de la agenda pública por toda la sociedad, las elecciones entre candidatos y sus programas, las actividades del gobierno y la oposición, así como los esfuerzos analíticos sobre estos temas. Con este enfoque se puede acotar las discusiones, diferenciar problemas y soluciones, darles base, plantearse esfuerzos compartidos, participar de manera específica.

Las políticas públicas tienen características que favorecen el avance de la discusión de la agenda y los programas; la principal es una comparabilidad formal: financiamiento, secuencia, claridad de objetivos e instrumentos, entre otros.

El sistema político no se familiariza bien todavía con esta nueva situación, en donde las políticas públicas han ido ocupando terreno antes privativo de la retórica.

En la discusión política habitualmente predomina la retórica en torno a unos pocos temas de alta visibilidad, no siempre de gran interés público. Los partidos políticos, de gobierno y de oposición, rara vez examinan con profundidad las actividades de los gobiernos; los institutos de estudio lo hacen con mayor frecuencia, pero su relación con los partidos, el gobierno y el Congreso es poco fluida.

Los partidos políticos subutilizan a sus cuadros técnicos, pese a la excelencia que éstos puedan demostrar después en el gobierno. En las propuestas que los partidos realizan suelen faltar una o más de las condiciones deseables de una política pública. Entre ellas: fundamentación general y no sólo específica; estimación de costos y propuestas de financiamiento; rudimentos de una evaluación de costos y beneficios sociales; fundamentación del beneficio social marginal comparado con medidas alternativas; consistencia agregada e interna de la propuesta; especificación de apoyos y críticas probables; oportunidad política y de secuencia de la medida.

En la sociedad civil sólo un número pequeño, aunque creciente, de entidades realiza planteos integrados de políticas públicas. Las organizaciones de la comunidad tienen poco acceso a la información, lo que sesga la participación. Por otra parte, las políticas públicas todavía no reciben la atención que merecen a nivel académico y de los medios de comunicación.

La política sin propuestas de políticas públicas corre el riesgo de concentrarse en la distribución del poder entre los agentes políticos y sociales. Una solución a medias es la simple agregación de especialistas sobre algunos temas, o de soportes comunicacionales —incluyendo el uso de cuñas y de encuestas— a las actividades tradicionales de la política. Sin embargo, si no son incorporados en un amplio proceso de discusión, diseño, gestión y evaluación de las políticas públicas, pueden sesgar la política: los especialistas hacia la tecnocracia y los comunicadores hacia al populismo inmediatista.

b) Gobierno y políticas públicas

Más que mirar al ordenamiento de las actividades del sector público, como dado por su organización, conviene mirarlo como un instrumento para la realización de las políticas públicas.

Los gobiernos son instrumentos para la realización de políticas públicas. Así como el logro principal de una empresa privada no es su organigrama, sino sus utilidades, lo importante en el gobierno son los resultados de bienestar social.

Las políticas públicas permiten ordenar en torno a su finalidad o propósito, leyes, metas ministeriales, prácticas administrativas y partidas presupuestarias. Ellas pueden entregar al gobierno los principales criterios de análisis estratégico, así como de evaluación de la gestión pública. El apoyo de los partidos al gobierno podría estructurarse en torno a ellas.

De allí que quien quiere el gobierno, quiere políticas públicas. El gobierno en una enorme empresa en la que se toman decisiones sobre temas importantes para todos los ciudadanos. En cualquiera alianza de gobierno, confunden su papel quienes se restringen a las tesis y no buscan su concreción en políticas.

Desde otro punto de vista, la mejora del gobierno es un dato indispensable del desarrollo.

Sólo de ese modo podrán lograrse resultados parecidos a los países desarrollados, con niveles de gasto muy inferiores. El porcentaje del PIB asignado a una función pública, multiplicado por el número de veces que es superior el respectivo PIB per cápita, es inalcanzable[20].

20. Comentario de Nicolás Eyzaguirre.

SEGUNDA PARTE
LAS POLÍTICAS EN LA DISCUSIÓN DE LA AGENDA PÚBLICA Y EL PROGRAMA DE GOBIERNO

Los asuntos humanos son complicados
en detalle, pero simples en principio.
Albert Camus, 1958

1. ¿CÓMO SE DISCUTE LO PÚBLICO?

En democracia ¿cómo se puede pasar del mundo de las ideas a la acción pública? El proceso parece ser más o menos así: primero, todos podemos generar, refinar o combinar ideas, si bien algunas ideas o sistemas de ideas son más potentes que otras. A su vez, la mayor parte de las ideas tienen consecuencias sociales y cuando algún grupo las percibe, puede ingresarlas a la agenda social, que es el conjunto de los temas que una sociedad discute.

Toda sociedad tiene un debate sobre sí misma, que es su reflejo. La riqueza de una sociedad se mide por la complejidad de su agenda pública, así como por su capacidad de procesarla. De allí que la democracia debe educar a sus ciudadanos en su habilidad de expresarse públicamente.

Es indudable que algunas personas y corporaciones tienen mayor capacidad de incluir, jerarquizar y excluir temas en la agenda social. Así, la agenda pública se constituye como un juego de poder en donde se construyen legitimidades e ilegitimidades, se generan inclusiones y se definen exclusiones. La definición de la agenda política es un proceso continuo. Hay una definición y redefinición de la agenda pública, dependiendo de la dinámica de las fuerzas políticas, de las fuerzas sociales y de otras fuerzas que tienen poder.

La formación de la agenda necesariamente implica la selección y jerarquización de los temas, la inclusión de ciertas materias o cuestiones públicas y la definición del modo cómo van a ser abordadas. La agenda cambia. En el mediano plazo, la agenda pública tiene diversos grados de concreción: algunos objetivos se realizan, otros sólo parcialmente. Algunos son superados u olvidados.

Adelantándonos, digamos que una parte de la agenda social es convertida en programa y sujeta a la aprobación de la ciudadanía. Por último, parte del programa se convierte en políticas desarrolladas por los gobiernos y las coaliciones que los apoyan, los que quedan sujetos a la evaluación de la ciudadanía en las elecciones siguientes.

> **Recuadro N° 2**
> **Secuencia analítica de las ideas a las políticas**
>
> Ideas ←→ Agenda ←→ Programa ←→ Políticas

Dado que ello es así, hay una ventaja en el uso temprano de las políticas públicas en el proceso que va de la agenda al programa y a las políticas.

2. Razón y políticas públicas

Nada es más peligroso que una idea cuando se tiene sólo una.
Alain, 1938

El tránsito de la agenda al programa y del programa a las políticas nunca será un proceso cerrado, ya que la agenda es muy amplia y porque ella se renueva constantemente, mediante el ejercicio de la razón y la discusión social.

Con mayor o menor frecuencia e intensidad todos percibimos una diferencia entre lo que existe y lo que podría existir; una tensión entre el ser y el deber ser; la posibilidad de llegar a ser algo distinto de lo que somos o de que las cosas sean de otra manera. Esta es la base común de la imaginación y la utopía; el desarrollo y la organización de la última corresponden a una mayor elaboración de un ideal al que debería aspirarse.

Sin duda el pensamiento utópico también presenta peligros y no sólo potencialidades positivas. Cuando éste se salta las ideas, convertidas en programas realistas y bien instrumentados, llega a gestos voluntaristas, cuyo fracaso puede precipitar una espiral de represión y violencia, ya que en estos casos suele buscarse un chivo expiatorio. La mantenida lejanía de los logros "finales" —que por lo demás nunca llegan a ser tales—, fomenta la exasperación y la búsqueda de atajos tramposos. Pero aquí el problema no es el uso de la razón, sino más bien su empleo limitado, constreñido por la existencia de consideraciones inamovibles o de temas que no pueden discutirse.

La asociación entre las ideas y la utopía necesita un reexamen. ¿Todas las ideas de progreso social y económico conducen fatalmente a una ideología totalitaria o —en una versión más suave— a un paradigma cerrado? ¿Es cierto que cuando se buscan varias cosas buenas a la vez sólo se obtienen cosas malas?

El pensamiento utópico requiere ser fortalecido por ideas y programas que lo acerquen a la realidad en cuanto a sus objetivos y a sus métodos. En este sentido, la actual devaluación de las ideologías permite que las ideas circulen con mayor flexibilidad, dando origen a nuevas combinaciones que superen a las actuales ortodoxias de diverso tipo.

La razón tecnocrática es chata y conservadora, pero el pensamiento utópico sin programas ha demostrado ser impotente y, a veces, dañino. Sin embargo, no se trata de corregir un error con otro, ya que eso no es razonable. Y abandonar las utopías de la razón puede generar un vacío a ser llenado por los irracionalismos de diverso tipo, antiguos y nuevos.

Hoy, como ayer, las personas necesitan utopías para pensar sobre una vida mejor y trabajar por ella. También como ayer, ellas pueden encontrar mejores o peores utopías: serán mejores aquellas que busquen la habilitación de las personas y no su homogeneidad (apuntando a la igualdad de oportunidades más que la igualdad); que tengan un sustento racional y técnico y no algún anclaje ideológico de cualquier tipo; y que sean incluyentes, para ser verdaderamente nacionales.

De allí que se necesiten utopías que hermanen la imaginación y las ideas, que apunten a habilitar a todas las personas para desarrollar libremente su "vida buena"; que partan reconociendo en la diversidad una riqueza y no un obstáculo; que desciendan de la cabeza de algunos

iluminados y se encarnen en objetivos compartidos, verdaderamente nacionales. En definitiva, en
medio de la confusión y del ruido, se necesitan
utopías potentes, que nos ayuden como personas y países a llegar a ser el máximo de lo que la
naturaleza nos permite. Como señalara John
Dewey, "el espléndido aislamiento de los valores
morales es comprado a un precio demasiado
alto"[21].

No es posible separar a las políticas públicas
de la dimensión normativa. Todas ellas corresponden a elecciones, en cualquier sentido que
ellas sean. De modo complementario, tiene poco
sentido discutir sobre valores sin considerar las
políticas públicas que podrían encarnarlos.

Todos los buenos asesores de políticas dedi-
can su tiempo y energías no sólo al desarrollo de
lo económicamente viable, sino también a expandir el campo de lo políticamente posible.

21. Dewey, John (1939) en Paul Arthur Schilpp (ed.), *The Philosophy of John Dewey*, Northestern University.

3. DE LA AGENDA PÚBLICA AL PROGRAMA

La civilización consiste en un intento por
reducir la violencia al último argumento.
José Ortega y Gasset, 1930

Para llevar a la práctica diversos aspectos de la agenda pública se requiere una acción social concertada. La voluntad política no se construye en la relación entre gobernante y gobernados, sino de la sociedad con sí misma.

En relación a los bienes y servicios públicos esenciales y otros de acceso universal se requiere una decisión social o colectiva sobre los niveles de provisión y respecto de si y cómo asegurar el acceso igualitario a la salud, educación y bienestar, en general. Por supuesto, la provisión de estos bienes puede ser privada o mixta.

La capacidad de definir un programa en lo social, político y económico es determinante de la estabilidad y del carácter reformista de la democracia, así como la precisión del respectivo pacto fiscal.

Los programas de estabilización y de reforma, y los consiguientes cambios institucionales, requieren un apoyo sostenido en sus diversas fases;

también las propuestas para anticipar o superar situaciones críticas.

La línea de menor resistencia siempre será la suma de gestiones e intereses, que habitualmente resultará en programas perversos. De allí que se requieren esfuerzos permanentes para analizar los argumentos en conjunto y plantear opciones jerarquizadas de políticas que sean consistentes, financiables y que cuenten con apoyo político sostenido.

a) Importancia de las políticas públicas

La discusión de dicha agenda habitualmente se ha caracterizado por el predominio de la retórica y la falta de precisión, mientras el conjunto de políticas reales (de mayor o menor calidad técnica) resulta privativo de los gobernantes y estudiosos, o aparece de modo desdibujado en la prensa.

Pareciera, sin embargo, que los ejercicios retóricos tienden a concentrarse en unos pocos temas de alta visibilidad, aunque no siempre de gran interés para la gente. Una parte creciente de los temas, en cambio, es analizada —e incluso estructurada— en un formato de políticas públicas.

Un modo populista y conciliador de hacer política privilegia la viabilidad política por sobre la eficacia. Los enfoques neoliberales, por el contrario, han privilegiado la eficacia económica por sobre la viabilidad política y por eso muchas veces se han combinado bien con autoritarismos. Lo importante es que hay maneras de hacerlo en democracia y con eficiencia, mediante la adecuada utilización de las políticas públicas.

b) De las preferencias individuales a las sociales

Pero la articulación de un programa de objetivos sociales encuentra una seria dificultad en la agregación de las preferencias individuales o de grupo.

Se dice que una conducta es racional si existe un orden de preferencias que explique las elecciones del individuo. Pero toda relación social es el resultado de la interacción de múltiples racionalidades distintas, individuales o de grupos. ¿Cómo llegar a una racionalidad colectiva?, ¿cómo agregar las preferencias de manera satisfactoria?

La existencia de una variedad de grupos sociales que mantienen concepciones diferentes sobre el sentido de la vida es un hecho inevitable del mundo actual, y nadie tiene los recursos intelectuales para persuadir a los demás que sus compromisos últimos están equivocados. De allí que deba establecerse un conjunto de arreglos políticos y legales que permitan a las personas cuyos puntos de vista difieren, vivir juntos en términos de respeto mutuo.

El Teorema de Arrow demuestra que, en ausencia de unanimidad plena y bajo hipótesis que parecen razonables, el interés colectivo no puede existir[22]. Ya en 1775 el marqués de Condorcet había planteado la paradoja de la imposibilidad de conformar una mayoría única y estable sobre temas diversos.

Arrow formula dos grupos de hipótesis. Las primeras se refieren a las preferencias individuales de los ciudadanos:

- alternativas dadas, que no cambian durante el debate electoral
- preferencias completas (se refieren a cualquier par de alternativas) ordinales y transitivas (si a es preferida o igual a b y b es preferida o igual a c, entonces a es preferida a c, y e
- independencia de opciones irrelevantes; el orden entre a y b no depende de c.

Las segundas se refiere a la escala social de preferencias:

22. Arrow, Kenneth (1951): *Social Choices and Individual Values*, Wiley, Nueva York.

- al igual que la individual, ella debe ser completa, ordinal, transitiva e independiente de las opciones irrelevantes
- debe respetar el óptimo de Pareto. Si nadie veta una opción y alguien la prefiere, sube en la escala social, y
- la ordenación social debe reflejar las preferencias individuales de modo que se respete el principio de no dictadura, de intimidad y el principio antiestratégico (de expresión de preferencias falsas).

En estas condiciones, el Teorema de la Imposibilidad de Arrow se enuncia así: no es posible construir una función de preferencia social que respete las tres condiciones sociales señaladas. Estas condiciones son incompatibles, lo que significa que no hay manera de conformar la voluntad general o ciudadana[23]. Del Teorema de Arrow se desprenden una serie de corolarios, incluyendo uno referido a la capacidad de los grupos de presión para manipular las elecciones a su favor. Otro que considera la posibilidad que tiene un partido de ganar las elecciones a pesar de

23. López, Hugo (1991): "¿Puede existir el Bien Común?. El Teorema de la Imposibilidad de Arrow y la nueva democracia Colombiana", *Lecturas de Economía*, Nº 34, Medellín, enero-junio.

una oposición mayoritaria en cada una de los puntos de la plataforma; es lo que se denomina la paradoja de Ostrogorsky[24].

Un intento de escape del Teorema de Arrow es la democracia directa, a partir de la cardinalización de las preferencias, de modo de invalidar el respectivo supuesto de dicho Teorema.

Por lo tanto, podría plantearse una función de utilidad total social maximizable, construida a partir de la agregación de las utilidades individuales.

Problemas frecuentes de las consultas directas incluyen la definición del universo de votantes (puede haber universos alternativos), la resistencia de los grupos intermedios a que se consulten a otros de base.

Bentham fue pionero en el uso del cálculo utilitario para obtener juicios acerca del interés social mediante la agregación de los intereses personales de diferentes individuos en la forma de sus respectivas utilidades. La preocupación de este autor se refería a la utilidad total de la comunidad, sin preocupación por su distribución, lo que representa una limitación de considerable importancia ética y política[25].

24. Rae, Douglas y H. Daudh (1976): "The Ostrogorsky Paradox: a Peculiarity of Compound Majority Decision", *European Journal of Political Research*, Nº 4.

25. Bentham, Jeremy (1789).

Las críticas al utilitarismo se canalizaron, sin embargo, hacia el hecho que las comparaciones interpersonales de utilidad no tienen bases científicas[26].

El único criterio de mejoría social es que una situación alternativa sería mejor si el cambio aumentara la utilidad de algunos, sin disminuir la de otros. Este es el óptimo de Pareto.

Sin embargo, la cardinalización de las utilidades supone un grado de información muy elevado. Quizás si la etapa de mayor significación sea la anterior a la votación, en la que se discuten ampliamente las ventajas e inconvenientes de las alternativas planteadas. De este modo se precisan las alternativas, haciéndolas más homogéneas y reduciendo la posibilidad de agrupaciones no transitivas de preferencias; como se ha dicho, la discusión apoya un equilibrio inducido por la estructura[27].

Pese a los intentos de agregar las racionalidades individuales en una racionalidad colectiva, siempre persistirán problemas, pudiendo haber una brecha entre ambas. Si bien es posible que existan divisiones unívocas y consistentes del electorado

26. Robbins, *Introduction to the of Morals and Legislation*.
27. Frey, Bruno (1994): "Direct democracy: Politic-economic lessons from Swiss experience", *American Economic Review*, mayo.

en torno a algunos temas, es claro que ésta no es la situación general.

Ello acontece con los bienes públicos, donde puede suceder que todos simulen indiferencia y el bien público acabe por no producirse.

También puede ocurrir en el dilema del prisionero, en el que no hay mano invisible que armonice la racionalidad individual y la colectiva. Ello también sucede en el modelo de Hotelling y los vendedores de helado en el medio de la playa, que es un caso particular de Equilibrio de Nash.

Desde otro punto de vista, para Sen el bienestar no es la suma de las utilidades agregadas, sino las libertades de las que efectivamente dispone el individuo, utilizando los derechos y oportunidades que están a su alcance. No parece necesaria la existencia de comparaciones interpersonales muy refinadas para llegar a decisiones sociales. Una forma que estas comparaciones pueden tomar es la sensibilidad a las desigualdades en el bienestar y en las oportunidades[28].

Por otra parte, es posible juzgar la situación de las personas en términos de su control sobre los bienes fundamentales, que corresponden a

28. Sobre este tema véase a Sen, Amartya (1998): "The Possibility of Social Choice", *The American Economic Review*, Vol. 89, Nº 3.

recursos de uso general, útiles para cualquiera, cualquiera sean sus objetivos[29]. Una sociedad bien ordenada será aquella en que los arreglos sociales se basen en un acuerdo incluyente de toda la sociedad.

El teorema de Arrow debería incitar al compromiso más que a la resignación. Es posible la construcción de una teoría de la elección social[30].

c) La escuela de la elección pública

Se ha destacado el error de considerar al sector público como una "tercera parte" o actor neutral, cuando en realidad es un participante endógeno, ya que está constituido por un conjunto de personas que tienen sus propios motivos y aspiraciones. Esta es una línea antigua en la Escuela de la Elección Pública, pero tiene más adeptos que los miembros de ella[31].

En el enfoque de la opción pública el "hombre económico" es reemplazada por el hombre que toma decisiones.

29. Rawls, John (2000): *A Theory of Justice*, Collected Papers, Harvard. Traducido al español por el Fondo de Cultura Económica en 1979; la tercera edición es del año 2000.

30. Sobre este tema véase a Sen, Amartya, *op. cit.*

31. Buchanan, J.M. (1968): "An Economist's Approach to 'Scientific Politics'", en M. Parsons, (ed.), *Perspective in the study of Politics*, Rand McNally, Chicago.

La perspectiva de maximización del valor, buscada por los individuos bajo restricciones específicas en el mercado, no puede extenderse a la política, ya que la última no conforma una estructura de incentivos compatibles con el primero, ya que incluye criterios evaluativos exógenos. No existe la contraparte política de la mano invisible de Adam Smith[32]. De allí que el resultado sea función de actitudes de individuos que buscan su propio interés.

Las diferencias relevantes entre los mercados y la política no está en el tipo de valores o de intereses que las personas quieren lograr, sino en las condiciones en las que ellas persiguen dichos intereses. La diferencia entre el intercambio en el mercado y el intercambio político está en que en el segundo se trata de objetivos compartidos. De allí que para el enfoque de opción pública, sea la constitución de las políticas más que las políticas mismas el objeto relevante para las reformas. Esta corresponde al cambio institucional que favorezca que el funcionamiento de la política refleje más adecuadamente el conjunto de resultados preferidos por aquellos que participan[33].

32. Buchanan, J.M., *op. cit.*
33. Buchanan, James (1997): The Constitution of Economic Policy, junio.

d) El papel insustituible de lo político

*La política es la ciencia de
cómo quién obtiene qué.*
Sidney Hillman, 1944

La posibilidad de articular un programa es terreno privativo de lo político, porque los números no hablan por sí solos y las programaciones no pueden ser autoevidentes. Por otra parte es poco realista eliminar las políticas entregando a los filósofos la determinación de la amplitud de la libertad individual y la distribución de los bienes sociales y a los jueces su aplicación[34].

La política es "la esfera de la decisión social", particularmente en democracia[35]. No se puede esperar que los individuos formen grandes asociaciones voluntarias para fomentar temas de interés público, a menos que existan condiciones especiales para ello[36].

Los políticos, actuando en un marco institucional adecuado, pueden administrar las restricciones del Teorema de las Imposibilidades de Arrow en la realidad. Los programas representan en la práctica una posibilidad de articulación social de

34. Rawls, John (1971), *op. cit.*
35. Deutsch, Karl (1966): *The Nerves of Government*, The Free Press, New York.
36. Olson, Mancur (1965): *The Logic of Collective Action*, Harvard University Press, Cambridge, Mass.

preferencias individuales o de grupos que de otro modo podrían ser eternamente inconsistentes.

Una condición de éxito al respecto es la efectiva articulación de la voluntad general: ella requiere la formulación de programas claros y consistentes de políticas públicas, de alta calidad técnica y política y respecto de los cuales se logre reunir el máximo de apoyo político y se asegure la gestión más eficiente y eficaz posible.

Para ello, debería reformarse el estatuto de los partidos políticos para que puedan ser mejores canales de las opiniones ciudadanas, incluyendo formalidades precisas en la elección de candidatos y de directivas, así como modalidades de vida partidaria.

Debería haber financiamiento público para la información programática de los partidos, además de hacer transparente el gasto político de origen privado. Se trata de un mercado imperfectamente competitivo, en el que se deben incurrir grandes costos de ingreso.

El marco constitucional de un sistema político se caracteriza por retornos crecientes, de modo que el cambio incremental está sesgado fuertemente a favor de políticas consistentes con dicho marco institucional básico[37].

37. North, Douglas (1990): *Institution, Changes and Economic Performance*, Cambridge University Press.

e) Concertación social

*La política es el arte de impedir
que la gente participe en los asuntos
que les conciernen.*
Paul Valéry, 1943

Los procesos de concertación suponen la existencia de una serie de factores tales como la participación de los agentes sociales en la elaboración y toma de decisiones de políticas públicas; su responsabilidad respecto a las normas de negociación y su voluntad de cooperación[38].

Por otra parte, los acuerdos de concertación deben ser institucionalmente procesados, evitando reducir a las instituciones democráticas al papel de instancias de mera ratificación de lo acordado.

Junto al impulso de los acuerdos, se requiere generar escenarios que permitan encauzar y negociar conflictos e intereses contradictorios; de otro modo el consenso se puede convertir en su propio enemigo, al intentar reemplazar la dinámica social por negociaciones cupulares.

Para que la concertación sea percibida como un ejercicio legítimo y conveniente, ella debe

---

38. Nonell, Rosa (1987): "Estructuras de concertación económica: una aproximación metodológico conceptual", *Cuadernos de Economía*, Vol. 15, N° 43, Barcelona, mayo/agosto.

atender a los diversos intereses y partes. Por otro lado, el consenso representa una observación en un continuo. Es poco frecuente y poco duradero, salvo excepciones.

f) Convergencia hacia el centro

Según Anthony Downs, los partidos plantean políticas para ganar las elecciones, más que ganan elecciones para plantear políticas. En la práctica tiende a darse que las políticas convergen hacia el centro de modo que coinciden la media, la moda, y el promedio.

La mediana correspondiente al resultado es independiente de la distribución de las preferencias; los votantes que se ubican entre la posición del candidato y un extremo hacia el otro candidato, son "atrapados" a votar por él. El único equilibrio político posible corresponde a que los dos partidos propongan lo mismo, evitando una respuesta del adversario.

Un supuesto de este enfoque es que la opinión política corresponde a una sola dimensión tal como liberal —conservador o derecha— izquierda[39].

---

39. Downs Anthony (2002), citado en "La fin du conflict droite-gauche?, por Daniel Cohen, *Le Monde*, abril.

g) Gobernabilidad democrática

Un requisito del desarrollo es que los procesos políticos y sociales sean gobernables, esto es, tengan un curso preestablecido para la articulación de propósitos y la resolución de conflictos. Es decir, todos los conflictos, no sólo aquellos referidos a la macroeconomía. La gobernabilidad debe ser integrada.

La gobernabilidad puede asegurarse de modo autoritario, por lo menos por un tiempo, pero es probable que lo sea de modo excluyente e inestable. La democracia, en cambio, es el sistema que posibilita una gobernabilidad incluyente y estable. Lo segundo, ya que por definición este sistema permite cambiar a los gobernantes sin crisis mayores.

h) Sistemas electorales

*Ustedes ganaron las elecciones,
pero yo gané el cómputo.*
Anastasio Somoza, 1977

Los sistemas electorales son el conjunto de normas en virtud de las cuales se eligen el Parlamento y el Poder Ejecutivo en una democracia representativa. Son fundamentales para moldear los resultados políticos, tales como el grado de fragmentación del gobierno (mayoría, minoría o coalición), el número de partidos representados en la legislatura y la capacidad de las minorías para obtener representación política.

Los sistemas electorales, así como las normas de agregación, ejercen influencia sobre la naturaleza de la coordinación, la credibilidad y los problemas de agencia que los sistemas fiscales deben encarar afectando el número de actores.

Para los mismos resultados electorales, algunas normas de agregación —como el sistema electoral británico— pueden dar lugar a grandes mayorías, mientras que otras —como los sistemas de representación proporcional— pueden conducir a numerosos pequeños partidos que deben gobernar a través de coaliciones[40].

Para los mismos resultados electorales, un sistema en el que las inversiones sobre caminos son decididas por los gobiernos elegidos localmente podría conducir a una asignación de recursos muy diferente de un sistema en el cual las decisiones se adoptan en el Congreso federal.

40. Esta sección está tomada de Banco Interamericano de Desarrollo (1998) "El proceso de decisiones fiscales democráticas al nivel nacional en América Latina tras una década de reformas".

i) Encuestas

*La política no refleja las mayorías,
sino que las construye.*
Stuart Hall, 1987

Como en el chiste del borracho y el farol, las encuestas deben servir para iluminar, más que para sujetarse a ellas. Por otra parte, las encuestas en general son una fotografía rezagada dentro de la película de las políticas públicas.

j) Medios de comunicación[41]

Los medios de comunicación se han erigido en el espacio fundamental de la política, aquel en el que se forman las opiniones y las decisiones de los ciudadanos. Esto no quiere decir que los medios de comunicación tengan el poder, pero en ellos se juega el poder. Con lo cual la política tiene que adaptarse a un lenguaje mediático que tiene tres reglas: simplificación del mensaje, personalización de la política, predominancia de los mensajes negativos de desprestigio del adversario sobre los positivos que tienen poca credibilidad. Todo ello conduce a la política del escándalo como

41. Castells, Manuel (2002), "La crisis de la política", *El País*, España, 25 de abril.

arma fundamental para acceder al poder, por eliminación del contrario.

4. Demandas para la sociedad

> *Si no nosotros, ¿quién?*
> *Si no ahora ¿cuándo?*
> Slogan de los estudiantes checos
> en Praga en 1989.

a) El tema

El supuesto sobre las expectativas racionales no se refiere exclusivamente a la información, sino también a las teorías subjetivas que explican las consecuencias de las diversas políticas.

En el análisis político suele asumirse muy estrictamente una racionalidad de las expectativas. Para evaluar sus ganancias con un cambio de política los agentes deben entender completamente cómo los afectaría tal cambio, incluyendo sus efectos generales de equilibrio[42].

Las políticas se determinan a través de un mecanismo político y, por lo tanto, reflejarán el in-

---

42. Saint Paul, Guilles (2000): The "New Political Economy": Recent Books by Allen Drazen and by Torsten Persson and Guido Tabellini, *Journal of Economic Literature*, Vol. XXXVIII, diciembre.

terés de los grupos más poderosos en la sociedad[43].

El sector público no tiene el monopolio de la capacidad para agregar las agendas individuales o de grupo de manera exitosa.

b) La participación

La participación se refiere a la posibilidad que personas o grupos tienen para influir, hacerse presentes, en la determinación de la agenda pública y también en la formulación, ejecución y evaluación de las políticas públicas. Esto puede favorecer el tratamiento de los temas públicos, al haber menos temas "no atribuibles" a algún grupo social[44].

- Ella permite una distribución más equitativa del poder y una mayor visibilidad de los problemas sociales; con frecuencia puede ser la base de capacidades determinadas en los grupos beneficiarios, además de aumentar la efectividad y la eficacia de las políticas[45].

43. Saint Paul, Gilles, *op. cit.*
44. Con este argumento, Coase favorece la atribución completa de derechos de propiedad.
45. Bhatnagar, Bhuvan y A. Williams (1992): "Participatory development and the World Bank: Potential directions for

- La participación en un modo privilegiado en que los ciudadanos y las organizaciones que los agrupan puedan hacer valer sus opiniones en el período que va entre un acto eleccionario y otro.
- Ella representa un complemento indispensable de la burocratización de los actos gubernativos, otorga mayor transparencia al sistema político y agiliza la consideración de los problemas sociales más relevantes; es también fundamental si se desea transferir más poder a la ciudadanía o a los potenciales participantes en otros ámbitos.
- La participación es un modo privilegiado de expresar la diversidad social; de hacer presente a los diferentes grupos, tanto en sus demandas específicas, como en su visión del mundo. Es una manera en la que la sociedad se reconoce a sí misma.

Desde otro punto de vista, la participación es una avenida de doble tránsito, en la que puede haber problemas de ida y de vuelta. Por una parte, con ella se abren posibilidades de la manipulación por quien la organiza o conforma. Por la

---

change", *World Bank Discussion Papers*, Nº 183, Banco Mundial, Washington, D.C.

otra, también puede ser ocasión de una avalancha, debido a un potencial efecto multiplicador de las demandas.

En cuanto al número de personas que participa, parece claro que un medio potente de lograr un aumento de la participación es el desarrollo sostenido de los esfuerzos de descentralización, ya que con ésta se puede lograr una dimensión más adecuada para la interacción entre las autoridades y los diversos grupos sociales.

La cercanía entre las autoridades y las comunidades ofrece una mejor capacidad de respuesta y otorga más transparencia al suministro local de bienes y servicios, así como un claro incentivo a la introducción de innovaciones a la gestión fiscal local y a la mayor responsabilidad de la población en la esfera política[46].

En cuanto a la complejidad de los temas respecto de los cuales puede darse la participación, cabe preguntarse si ella tiene un límite natural. Sin duda existen asuntos extremadamente complejos, cuya resolución se vería demorada en caso de requerir una participación detallada. Por otra parte, tanto la voluntad política de hacer realidad

---

46. CEPAL (1996): "Descentralización fiscal en América Latina", *Notas sobre la economía y el desarrollo*, Nº 596, Santiago de Chile, octubre.

la participación como la tecnología de comunicaciones, hacen retroceder dicho límite cada día. Forma parte del desarrollo el que la opinión pública tenga una capacidad creciente de entender y opinar sobre temas complejos.

Según los temas, la participación puede alcanzar diversos niveles de intensidad, incluyendo el compartir información, realización de consultas, participación en las decisiones y/o en la implementación de las políticas.

La organización y la capacitación son requisitos de existencia para la participación de numerosos grupos sociales. También es necesario un ordenamiento criterioso de las modalidades de participación y su adecuada jerarquización. Diversas organizaciones sociales tradicionales han perdido vigencia; por otra parte, nuevas situaciones en las que la participación sería posible, todavía no encuentran una expresión institucional adecuada.

La información es un antecedente indispensable de toda participación. Se trata de información básica, abierta y no predigerida, a la que se pueda acceder libremente. De este modo puede generarse opinión pública y no sólo preconformarla mediante encuestas. La tecnología de comunicaciones facilita una interacción significativa, incluso con grupos mayores. Sin embargo, cuando la sociedad civil tiene fuertes rasgos tradicionales, incluyendo el autoritarismo, ello dificulta la ocupación de los espacios naturalmente llamados a la participación.

5. Las demandas sobre el sector público

> *¿Quiénes son los amigos del Estado?*
> *No quienes lo recargan de funciones*
> *que excedan su capacidad.*
> Aníbal Pinto, 1955

Es evidente que diversos puntos de la agenda y del programa requieren la participación del sector público en su puesta en práctica; principal, pero no únicamente en la forma de políticas públicas.

Más útil que una discusión de carácter abstracto sobre lo que un Estado ideal debería hacer, resulta el análisis de la funcionalidad del sector público para aplicar las políticas que conforman la estrategia de desarrollo económico y social.

Dicho análisis debe ser efectuado en el terreno en que el Estado y el gobierno efectivamente operan; esto es, el de las políticas públicas. Es allí donde corresponde determinar las necesidades, pero también las posibilidades de acción del Estado y el gobierno.

Dado su carácter realista, este enfoque no puede ignorar las restricciones y las condiciones que puedan garantizar la viabilidad sociopolítica e institucional de la propuesta en un momento determinado.

Dichas restricciones y condiciones deben ser consideradas para cada caso particular, ya que la participación del Estado y del gobierno en el desarrollo asume características diferentes en los diversos países. No cabe duda que las necesidades y posibilidades de la participación pública en el proceso de desarrollo tiene especificidades nacionales, así como también las tienen los diversos ámbitos de trabajo del Estado y del gobierno.

a) Papel del Estado

La necesidad de la participación del sector público en diversos aspectos del proceso de desarrollo resulta de varios factores. Entre ellos: lo insustituible de papel en la generación de externalidades, el manejo de información agregada (no individual o de empresa), la adopción de visiones intergeneracionales e intertemporales, y su papel de garante de los acuerdos internacionales; su carácter privilegiado como factor de especificación de políticas públicas y del respectivo marco institucional.

En la literatura económica se fundamenta la

necesidad de la participación pública en la economía desde distintos puntos de vista.

- Así, Paul Samuelson argumenta la necesidad de atender a la generación de diversas externalidades en el proceso económico. En algunos casos, cuando se imponen costos o beneficios para otros que no son pagados por los que los imponen o los reciben; en otros casos, cuando es necesario asegurar la producción de un amplio rango de bienes públicos cuyos beneficios se dispersan tanto entre la población que ninguna empresa o consumidor tiene incentivos económicos para suministrarlos.
- Desde otro punto de vista, autores como Douglass North y Robert Coase enfatizan la dependencia institucional del proceso de desarrollo y la importancia de la reducción de los costos de transacción.
- Para Stiglitz, los papeles del gobierno incluyen su aporte a la provisión de una infraestructura nacional en un sentido amplio; la gestión fiscal y del sector financiero; las políticas sociales; los servicios públicos y el desarrollo productivo[47].

47. Stiglitz, Joseph (1996): "The role of government in economic development", (1997) *Annual World Bank Conference on Development Economics*, The World Bank.

Pero no basta con tener orientaciones de política "correctas" en estos ámbitos, si el Estado no cumple sus papeles propios: asegurar la gobernabilidad democrática, el desarrollo de la institucionalidad económica y la provisión de seguridad pública.

Si algo es previsible respecto de la demanda de intervención pública es que ella aumente con la globalización. Por una parte, como una forma de proveer más y mejores bienes y servicios públicos; por la otra, debido a la búsqueda de protección, extracción de ventajas y captura de rentas de privilegio por parte de los agentes productivos[48].

Las políticas macroeconómicas y sectoriales necesitan una forma nueva de interacción de los agentes públicos y privados en diversos ámbitos, como la información sobre mercados y tecnología, la reducción de riesgos comerciales, la protección al consumidor, la protección de la propiedad industrial y el fomento de la transferencia tecnológica, y una estrategia activa de inserción externa.

48. Respecto de la contraposición entre cuasirrentas tecnológicas y las de privilegio véase Nochteff, Hugo (1996): "La experiencia argentina: ¿desarrollo o sucesión de burbujas?", *Revista de la Cepal*, Nº 59, agosto.

b) Potencialidad y limitaciones de la participación pública

¿Pueden los Estados y gobiernos democráticos de los países en desarrollo realizar las actividades que le corresponden para mejorar el nivel de vida de la población?; ¿existe oferta o capacidad pública a la altura de lo demandado?

Para contestar estas preguntas corresponde comparar las características estructurales e institucionales de los mercados así como las fortalezas y debilidades del sector público en la economía de que se trate.

Un agente (organismo público) responde a múltiples "principales" (por ejemplo, electores, partidos políticos, gobierno, usuarios directos, parlamento, gremios, etc.). Cada principal tiene una función objetivo diferente. En estas condiciones, los incentivos o "señales" que enfrenta el agente se hacen más débiles si los intereses de los principales no están coordinados. Es decir, la fuerza del sistema de incentivos se diluye.

En cambio, si los principales actúan cooperativamente, le devuelven la potencia al sistema de incentivos. El desafío es integrar las restricciones del proceso político en el pensamiento, investigación y recomendación en materia de políticas económicas.

En los países en desarrollo las intervenciones públicas han tenido con frecuencia resultados negativos.

Existen numerosos casos de intervenciones inadecuadas, generadoras de distorsiones y de presiones inflacionarias, o que contribuyen a la persistencia de mercados protegidos, incompletos o segmentados.

Pero la experiencia también demuestra que diversos gobiernos de países en desarrollo han contribuido a crear mercados, así como otras instituciones. También han establecido y puesto en práctica leyes y regulaciones que han dado estabilidad a los mercados financieros y han aumentado el carácter competitivo de los mercados. En muchos casos los gobiernos han favorecido las condiciones para el establecimiento de firmas para ingresar a determinados mercados. En especial en los mercados exportadores, los gobiernos han provisto a las firmas de fuertes incentivos.

En suma, el sector público tiene un lugar en la estrategia de desarrollo, si bien resulta evidente que el papel de la institucionalidad estatal y de la acción del gobierno es variable entre períodos y también entre países.

Por otra parte, como toda opción sobre la asignación de recursos escasos, el gasto público implica no dar usos alternativos a dichos recursos. De allí que para que la acción estatal o gubernativa se justifique, no basta con que ella se oriente a corregir alguna imperfección seria en el mercado, o a generar alguna externalidad positiva. Además ella debe estar designada de modo de asegurar al menos que sus beneficios superen a los costos de la intervención: el óptimo es que también ella sea eficiente, con la mejor combinación posible de medios y logros.

De lo anterior se deduce la necesidad de mejorar y reformar la gestión pública que es el tema de la tercera parte.

6. Del programa a las políticas de gobierno

> *Se necesita ser un doctor sabio para
> saber cuándo no hay que recetar.*
> Gracián, 1647

Los gobiernos deben especificar los programas en políticas públicas para su período. La determinación del programa y de las políticas públicas es un modo efectivo para no darle a mucha gente lo que quiere.

Lo habitual es que no hayan políticas públicas óptimas, sino un rango de soluciones posibles. No hay garantía de escoger la mejor política pública. Pero es un deber de los gobiernos elegir cursos de acción.

TERCERA PARTE

EL BUEN GOBIERNO Y EL CICLO DE LAS POLÍTICAS PÚBLICAS

Siendo objeto de la resolución deliberada una cosa deseada, entre aquellas que se hallan a nuestro alcance, también será apetito de cosas en nuestro poder la resolución, proveniente de deliberación: porque después de haber deliberado, juzgamos, apetecemos de acuerdo a la deliberación.

Aristóteles, *Ética Nicomaquea*

I. EL CICLO DE LAS POLÍTICAS PÚBLICAS

1. "MOMENTOS" ANALÍTICOS DE LAS POLÍTICAS PÚBLICAS

En las políticas públicas se pueden distinguir cuatro momentos analíticos —ya que no necesariamente etapas consecutivas— el origen, diseño, gestión y evaluación de las políticas públicas. El origen de las políticas fue el tema de la parte anterior del trabajo.

En Nueva Zelanda y otros países se ha intercalado otro "momento" analítico, aquel en que diversos contratos convierten el presupuesto de un acuerdo entre el gobierno y el parlamento sobre

los montos a ser recaudados y gastados, en una
declaración explícita de qué se hará con los recursos disponibles[49].

Las políticas rara vez se extinguen por completo; es más habitual que cambien o se combi-
nen con otras[50]. Se ha llegado a decir que las políticas públicas son inmortales. Sin embargo,
existen políticas con aspectos temporales definidos, después de los cuales dejan de existir, por
diseño (fade-out).

**Recuadro Nº 3
Ciclo analítico de las políticas públicas desde la agenda**

Diseño de las PP

Gestión

Programa

Evaluación

Agenda

49. Schick, Allen (1998): "Why most Developing Countries
should not Try New Zeland's Reforms", *The World Bank
Research Obsever*, Vol. 13, Nº 1, febrero.
50. Kaufmann, Herbert (1976): "¿Are Governmental
Organizations Inmortal?, *Brooking Intitution*, Washington D.C.

2. Precisiones sobre el enfoque

En algún momento la síntesis dice
todo lo que se puede decir sin
contradecirse o repetirse.
Alexander Kojeve, 1967

Se ha señalado como problema del enfoque "por etapas" el que no es un modelo causal y que no se presta para predecir o indicar de qué modo una etapa lleva a la otra. Se agrega que la metáfora de las etapas subraya inadecuadamente el ciclo de las políticas como la unidad temporal de análisis. De ese modo, niega el concepto de un sistema de relaciones intergubernamentales[51]. Por eso importa precisar las características del enfoque utilizado en este trabajo.

a) Enfoque abierto

Podría decirse que este ciclo analítico refleja un modelo de aprendizaje continuo, el que supone un medio de trabajo en el que a la acción sigue un análisis o comentario, del cual se extrae un

---

51. Jenkins-Smith, Hank y P.A. Sabatier (1993): "The study of the Public Policy Process", en Paul A. Sabatier y Hank C. Jenkins-Smith (eds.) *Policy Change and Learning: An Advocacy Coalition Approach*, Westview Press, Boulder, CO.

aprendizaje, el que induce un ajuste para una acción mejorada[52].

Pero no debe verse aquí una pretensión de racionalización forzada o de erigir un artefacto secuencial. Como todo sistema analítico, el enfoque de los momentos de las políticas públicas es una simplificación de la realidad.

El ciclo de las políticas públicas nunca termina. Cada etapa de las políticas públicas no logra agotar su contenido potencial, tanto por defecto como por omisión. Por una parte, porque los sistemas políticos y administrativos son imperfectos. Por la otra, porque los datos de la realidad social y económica van cambiando.

De allí que el impulso que va del origen al diseño, del diseño a la gestión, de la gestión a la evaluación, y de la evaluación al diseño nuevamente, no es un círculo que cierre: apunta a cerrarse, pero nunca se cierra.

El valor de este enfoque no viene de su carácter cerrado o final, sino de su intención incluyente; en definitiva, de su creciente realismo. Por ello, lo que parece una imperfección analítica del enfoque, en realidad es su mecanismo de enriquecimiento.

52. Treasury Board of Canada (1995), "Guide IV, A Supportive Learning Enviroment", *Quality Services,* Ottawa, octubre.

En la práctica, los problemas y las soluciones son redefinidos con frecuencia; durante la implementación de las políticas es previsible que haya presiones para orientarlas de modos determinados. La secuencia puede ser tumultuosa o caótica.

Ello porque durante su diseño no se extingue la complejidad política del proceso de definición de las políticas públicas; durante la implementación de estas políticas, distintos grupos ejercen presiones a fin de orientar la política en el sentido de su conveniencia[53].

b) Carácter realista

Por otra parte, en cada etapa existe la posibilidad de fugas o discrepancias entre los aspectos normativos del enfoque y los aspectos positivos a los que se aplica. Esto puede verse con mayor detalle.

No toda idea entra a la agenda. No todos los temas de la agenda se convierten en programas. Además, ya vimos que la posibilidad de pensar los arreglos sociales de otro modo, imposibilita que se complete el paso de la agenda al programa. En la conversión de la agenda pública en

---

53. Álvarez, Angel (1992): "Análisis de políticas públicas", serie *Temas de coyuntura en gestión pública*, Centro Latinoamericano de Administración para el Desarrollo (CLAD), Caracas.

programa siempre hay fugas y éste no logra captar toda la riqueza de aquélla. Por definición, un programa articulado, financiable y con apoyo político sostenido es una selección, hecha con mayor o menor arte por el sistema político. Esto porque la agenda pública incluye muchos puntos de vista, incluso contradictorios, los que podrían no tener cabida en el mismo programa. También porque hay sectores sociales subrepresentados, mientras otros tienen una capacidad desproporcionada de representación de sus propios intereses. La participación es un bien que se distribuye de manera muy heterogénea.

En el sentido inverso, los programas pueden influir en la discusión de la agenda pública.

Las políticas públicas corresponden apenas a una selección de temas y objetivos del programa. De hecho, es frecuente que se distinga entre el programa público y el plan real de gobierno, a veces porque la demagogia infló el programa y, en todo caso, porque se aspira a elegir secuencias óptimas, efectos de cascada, momentos políticos y económicos.

Desde otro punto de vista, las políticas públicas necesariamente representan algún tipo de simplificación de los problemas, característica de la que deriva su carácter operacional. Dicha simplificación puede tener un efecto negativo sobre una comprensión más amplia de los temas o problemas, e incluso puede sesgar la respectiva investigación académica.

Los temas económicos y sociales son tan dinámicos y relacionados y las actividades del gobierno que los afectan son tan numerosas e interconectadas, que la precisión en la interpretación de los desarrollos o en la predicción de los resultados de cualquier nueva intervención parece dudosa. Más que despolitización de las decisiones gubernamentales lo que habría habido es una politización y degradación de un segmento considerable de las actividades de investigación[54].

En todo caso, es necesario considerar el peligro opuesto, el de la ideologización de los temas de la agenda pública, o su análisis en contextos inespecíficos o imposibles de convertir en políticas reales.

Las políticas públicas pueden, a su vez, modificar la discusión de los programas los que pasan a estar acotados por ellas.

• El diseño puede ser defectuoso porque no considere aspectos institucionales o porque no

54 Sobre estos temas puede verse, Beam, David (1996): "If Public Ideas are so Important Now, Why are Policy Analysts so Depressed?", *Journal of Policy Analysis and Management*, Vol. 15, N° 3.

incluya modalidades de evaluación de las políticas. Sus orientaciones pueden ser meras declaraciones, sin apoyo financiero o de personal.

- La gestión de las políticas es habitualmente imperfecta. Cuando no se mejora la política sustantiva de manera integrada, es posible que se gasten más recursos sin que los resultados mejoren, o lo hagan de manera menos que proporcional.

- La gestión puede ser discordante con las políticas, incluso para enriquecerlas o adaptarlas. Buena parte de los equívocos con los funcionarios públicos civiles vienen de políticas mal diseñadas en cuanto a su puesta en práctica, o con correcciones laterales, en vez de una modificación integrada. Mientras no se encaren las reformas sustantivas de modo integral, los funcionarios públicos considerarán que los cambios son para perjudicarlos.

- En la evaluación las fugas pueden ser aún peores. Ella puede simplemente no existir, con lo que la pérdida de eficiencia y efectividad potencial es enorme. O puede haber una evaluación parcial o ad hoc para resultar conforme a una opción elegida de antemano. O, todavía, pueden evaluarse políticas de menor trascendencia, en vez de las más importantes y complejas.

3. Buen gobierno y reforma del Estado, procesos inseparables

a) Reforma del Estado. Diversidad de enfoques

Por las mismas razones, quien quiere reformar el Estado, conviene que lo haga en torno a las políticas públicas y no de consideraciones exclusivamente organizacionales: el órgano debe servir a la función.

Desde luego, existen distintos enfoques sobre cómo reformar el Estado:

- Los más tradicionales están centrados en lo administrativo o en la teoría de la organización[55]. En un sector competitivo, la estructura más eficiente en maximizar el valor del resultado en relación a los costos de producción tiende a desplazar a las demás[56]. Una especificidad del sector público es que la posibilidad

55. Sobre el primero véase Chevalier, Jacques y D. Loschak (1986): *Ciencia Administrativa*, 2 tomos, INAP, Madrid. Respecto del segundo véase *Ministerio para las Administraciones Públicas*, Lectura de Teoría de la Organización, 2 tomos, Madrid, 1993.

56. Robins, James (1987): "Organizational Economics: Notes on the Use of Transaction Cost Theory in the Study Organizations", *Administrative Science Quarterly*, Vol. 32, Nº 1, Cornell University, 1987 y Williamson, Oliver (1994), "The

de igualar en el margen los resultados sociales positivos se ve trabada por normativas e instituciones rígidas u obsoletas[57]. Se ha planteado que la eficiencia está subrepresentada en el proceso político porque siendo del interés de todos no es problema prioritario de nadie; ella no tiene un grupo de apoyo claro y específico. Es más, a menudo existen beneficiarios particulares de la ineficiencia. De allí que se plantee la creación de agencias públicas encargadas de representar la búsqueda de eficiencia[58].

- Un enfoque, más reciente y más simple, es de corte cuantitativista, con dos variantes. Por una parte, aquellos para quienes modernizar el Estado es achicarlo. Por otra parte, quienes creen que lo determinante es aumentar ciertos insumos y recursos: más computadores, mejores sueldos. Con la última variante se corre el riesgo de no llenar el Tonel de las Danaides y de alentar la autojustificación funcionaria, riesgo

---

Institutions and Governance of Economic Development and Reform", *The World Bank Annual Conference on Development Economic*, Washington D.C.

57. Al respecto véase Lahera, Eugenio (1997): "Algunos criterios para reformar el Estado. Apuntes de clase", *Documento de Trabajo*, CEPAL, Nº 45, abril.

58. G.W. Downs y P.D. Larkey (1986): *The Search for Government Efficiency. From Hubris to Helplessness*, Random House, Nueva York.

inherente a toda burocracia. El aumento de los recursos por sí solo no garantiza resultados óptimos.

• Otros enfoques plantean la necesidad de centrar la reforma del Estado en el logro de sus objetivos, preocupándose más de los productos que de los insumos y de la normativa que determina las modalidades de operación del sector público[59]. Se ha criticado a este enfoque desde el punto de vista de la eficiencia, ya que aquélla centrada en objetivos difiere de la eficiencia organizacional. Esta última incluye diversos aspectos referidos a la innovación, adaptabilidad, aprendizaje organizacional y capacidad para evaluar el cambio[60].

• Un enfoque que podría ser complementario del anterior es el del cambio por procesos. Estos incluyen organización y método, racionalización, calidad total, reingeniería, desregulación y mención del rendimiento.

59. Marcel, Mario (1997): "Modernización del Estado e indicadores de desempeño en el sector público: la experiencia chilena", BID, manuscrito.

60. Prats, Joan (1994): "La modernización administrativa en las democracias avanzadas: las políticas de los '80. Contenido, marcos conceptuales y estrategias", *Gobernabilidad y Reforma del Estado*, Jorge Cárdenas y William Zambrano (comps.), Santafé de Bogotá, Consejería Presidencial para la Modernización del Estado.

- Lo mismo sucede respecto de quienes jerarquizan la necesidad de reformar la gestión pública, por ejemplo, desregulando internamente el gobierno o sometiendo su gerencia a profundas modificaciones[61].

Conviene notar que las estructuras de organización compleja son incrementalmente más eficientes hasta cierto punto, más allá del cual los beneficios marginales del aumento del tamaño (y complejidad) de la organización comienzan a decrecer.

Esto es así porque a medida que aumenta el tamaño de la empresa y se añaden niveles de organización, la organización comienza a "perder el control" de la información (surgen problemas de relación entre el principal o dueño y los agentes o encargados de los diferentes servicios; de free-riders o agentes que aprovechan para su beneficio normas generales; y de gobernabilidad del conjunto). Todo ello afecta negativamente el proceso de decisión, perdiendo las ventajas de la integración.

La organización más grande se ve obligada a "internalizar" un mayor número de transacciones,

---

61. Dilulio Jr., John J. (comp.) (1994): "Deregulating the Public Service: Can Government Be Improved?", *The Brookings Institution*, Washington, D.C.

generando distorsiones burocrático-administrati-
vas (típicas de las grandes empresas), o estructuras de incentivos inadecuadas (problemas de
agencia).

Williamson plantea que, alcanzado el punto
de pérdidas de las ventajas asociadas a la fusión e
integración, comienza un movimiento pendular
inverso: la descentralización de decisiones, la
desincorporación de unidades o departamentos,
y la segregación de funciones relevantes de la
empresa y la organización.

Por otra parte, como los refranes, diversos principios administrativos incompatibles permiten
que el analista justifique su posición en relación
al más adecuado a ella. Ninguno de ellos sirve de
principio ordenador[62].

b) Reforma del Estado en torno a
las políticas públicas

Pareciera que la reforma del Estado requiere una
manera de mirarla que supere la mera agrupa-
ción de objetivos razonables en sí mismos. Esto,
porque no da lo mismo el número de iniciativas que
se desplieguen, o su secuencia. También porque,

62. Simon, Herbert (1964), *Administrative Behavior: A Study
of Decision-Making Processes in Administrative Organizations*,
Macmillan, New York.

contrariamente a la impresión que a veces se obtiene de la literatura, los contenidos necesarios del proceso no son autoevidentes y existen desacuerdos sustantivos al respecto. En la realidad es habitual que existan problemas y soluciones sin un tema que les sea común, lo que favorece el desencuentro entre ambos.

Estos hechos facilitan la dispersión de los esfuerzos de reforma, con el consiguiente costo en la eficacia y la eficiencia del proceso. Muchas propuestas de reforma del Estado tienen algún valor, pero resulta indispensable establecer una jerarquía y secuencia entre ellas. De otro modo se ignora el principio económico básico: los recursos son escasos para la multiplicidad de fines[63].

Para lograrlo se requiere una manera de mirarlas que permita su procesamiento ordenado. En este trabajo se propone un enfoque de políticas públicas.

Con este enfoque se reconoce la evidente necesidad de racionalizar la estructura del Estado y de mejorar la calidad de sus recursos humanos e

63. Como señala un informe del Reino Unido, "...toda organización que se precie de guiarse por una declaración de objetivos, un ideal, cinco valores, seis metas, siete prioridades estratégicas y ocho indicaciones de desempeño absolutamente desvinculados es un verdadero modelo de confusión", *The Economist*, 19 de octubre de 1996.

insumos materiales, pero se privilegia la consideración del diseño, gestión y evaluación de conjuntos significativos de líneas de acción y modificaciones institucionales referidas a un objetivo público. Es en torno a estos flujos de información y acción que los problemas del sector público deben ser ordenados y resueltos[64]. Primero debe cambiar la forma de trabajo y luego la estructura, ya que ésta sigue a la estrategia.

c) Trayectoria óptima

El buen manejo del gobierno equivale a que las políticas públicas tengan una trayectoria óptima en cada una de sus fases. Ese es también el contenido de la reforma del Estado; un buen gobierno reforma su estructura y su gestión de modo que las políticas públicas se cumplan a cabalidad.

La coordinación y coherencia en las diversas áreas de la acción del gobierno incluidos los programas, políticas, proyectos y decisiones específicas correspondientes es un bien intangible de la máxima significación.

64. Heclo, Hugh: "Review article: Policy analysis", British Journal of Political Science, enero 1972; y Eugenio Lahera (1980), "Evaluación instrumental de políticas públicas", *Revista de administración pública*, Nº 6, Santiago de Chile, Universidad de Chile, diciembre.

El buen manejo de los asuntos públicos es difícil y bastante más complejo que el de los negocios privados:

- la multiplicidad de objetivos exige una permanente discusión social y evaluaciones de distinto tipo
- existen varias funciones de producción y de utilidad, mayor número de insumos y altos costos de transacción
- el manejo de los recursos humanos y la gestión son más rígidos

Por su naturaleza, en el sector público no existe equivalente a la disciplina impuesta desde afuera al sector privado cuando actúa en un mercado competitivo. Por ello, la disciplina interna es todavía más importante en el sector público, donde es más difícil de lograr dados su complejidad y su tamaño.

Existen diversas maneras de reducir los costos de transacción en procesos de decisión de políticas públicas. Entre ellos: los compromisos verificables e irreversibles, el análisis de resultados, la delegación de decisiones, el establecimiento de agencias regulatorias, la independencia de la política monetaria, la transparencia de la política fiscal expresada en el presupuesto[65]. Deberían evi-

---

65. Dixit, Avinach (1996): *The Making of Economic Policy. A transaction-Cost Politics Perspective*, Reino Unido.

tarse políticas que establezcan nuevos costos de transacción e incrementen los que ya existen.

Lamentablemente no existe un círculo virtuoso entre la existencia de mayores distorsiones y una mejor capacidad de renovación institucional estatal e intervención gubernativa. Más bien es frecuente lo contrario.

En los países en desarrollo por definición existen menos mercados, éstos funcionan menos efectivamente y los problemas de información son más severos que en los países industrializados.

Por otra parte, el sector público en muchos países tiene limitaciones cuya superación potenciaría su aporte al bien común: las políticas suelen encontrar resistencias y vacíos institucionales o de gestión; su puesta en práctica suele demandar soportes a veces inexistentes en ambos terrenos, lo que dificulta o imposibilita su aplicación. Dichas limitaciones y problemas se refieren a diversos aspectos de la administración, las políticas de personal y de remuneraciones; el diseño, gestión y evaluación de las políticas públicas; la atención y el servicio a los consumidores del sector público; y las gestión de las empresas públicas.

Esta doble debilidad es una especificidad de muchos países. Por eso existe la necesidad de reconocer las debilidades y no pretender que el Estado haga más de lo que puede y también de llenar la diferencia entre la demanda y la oferta de acción por el sector público mediante un proceso de profunda mejoría del Estado y reforma. De otro modo se tratará de una propuesta de desarrollo basada en orientaciones generales o en políticas sin mayores condiciones de aplicabilidad; será una estrategia inconclusa.

¿Cómo hacerlo?

Lo que sí es general es que la capacidad de gobernar es un bien escaso, cuya utilización debe ser priorizada. El sector público debería desarrollar un conjunto seleccionado y, por tanto, limitado de políticas. El verdadero poder del Estado está en su efectividad y ésta se mide por la calidad y la coherencia de la acción pública, más que por la cantidad de acción del Estado.

Formular una política es una cosa, poder asegurar la intervención pública que ella requiere, es otra. Esta diferencia no tiene que ver con preferencias personales por más o menos Estado, porque ella vale para todas las políticas; desde aquellas que requieren una mínima intervención pública hasta las que son muy intensivas en participación del sector público.

Pero si nada asegura la existencia simultánea de insuficiencias estructurales o institucionales y de una capacidad reformadora pública, ¿cómo puede avanzarse en conseguirla? Tal capacidad depende críticamente de la calidad del liderazgo político y social, el que debe proponerse un conjunto consistente de políticas públicas para las cuales pueda asegurar apoyo sostenido. En definitiva, sin gobernabilidad política y social no hay gobernabilidad económica.

Lo importante es aclarar primero de modo realista las orientaciones y políticas deseables, para enseguida emprender las necesarias reformas de la gestión pública. Hacer al revés, reformando sin saber para qué o en qué dirección conduciría a nuevas frustraciones en el desarrollo de la región.

Se requiere una coalición para el cambio, ya que con bastante certeza habrá una oposición. Debe lograrse una visión de futuro, comunicable de modo sencillo[66]. Deben buscarse triunfos de corto plazo, en una estrategia de largo plazo.

Los encargados de ejecutar las políticas deben participar en los procesos de reforma, pero no de manera monopólica (defensa, salud, educación, etc.).

d) Medidas legales y administrativas

No conviene suponer la existencia de un nivel de institucionalidad mayor al real en el sector

---

66. Richarson, Peter y K. Denton (1996): "Communicating Change", *Human Resource Management*, Vol. 35, Nº 2, verano.

público. El reconocimiento y tratamiento de la informalidad que existe sería una precondición del cambio[67].

Es frecuente que se exageren los obstáculos al cambio dentro del Estado. De allí que debería dedicarse mayor esfuerzo a determinar las restricciones del modo más realista posible. Tradicionalmente se supone que existe una perfecta inamovilidad funcionaria, que las remuneraciones son bajas en todo el espectro de funciones que cubre el servicio público, que no existe flexibilidad salarial alguna[68].

La modernización estatal representa una labor compleja, que requiere acciones en frentes diversos, incluyendo leyes y decretos, pero también medidas administrativas y revisión de procedimientos.

Es posible avanzar en distintos frentes sin modificaciones legales: uso de indicadores, utilización de las posibilidades legales; respecto de calificaciones, concursos, contratos, ajuste de plantas; modificación de la organización interna de los

67. Schick, Allen (1998): "Why Most Developing Countries Should Not Try New Zealand's Reforms", *The World Bank Research Observer*, Vol. 13, Nº 1, febrero.

68. Marcel, Mario (1993): "Mitos y recetas en la reforma de la gestión pública", en Eugenio Lahera (ed.), *Cómo mejorar la gestión pública*, CIEPLAN/FLACSO/FORO90, Santiago.

servicios; delegación de responsabilidades administrativas; reunión de responsabilidades en una mano.

Por otra parte, es indudable que se necesitan diversas modificaciones legales, además de una estrategia de negociación con el Congreso. Normalmente se requiere este tipo de iniciativas para moderar la importancia de los factores antigüedad y capacitación; aumento de la flexibilidad laboral, subcontratación; informes anuales de gestión; y prioridad a usuarios.

4. ¿CÓMO SE TOMAN LAS DECISIONES DEL GOBIERNO?

Gobernar es elegir. Aparecer como incapaz de escoger es aparecer incapaz de gobernar.
Nigel Lawson, 1991

a) La gestión superior

La gestión superior del Estado es la llamada a especificar las orientaciones generales en políticas; a buscar el indispensable apoyo político y social para éstas —incluyendo el parlamentario—; a responsabilizar a un número reducido de funcionarios clave en su gestión, y a orientar los procesos de evaluación de las políticas.

Caracterizar la toma de decisiones en la alta esfera del gobierno es una tarea simple desde un punto de vista formal. La Constitución normalmente prescribe con claridad el papel de los poderes públicos y la estructuración del Ejecutivo es relativamente sencilla. El Presidente es la autoridad superior, a la que siguen autoridades sectoriales de nivel ministerial y regionales. Existen también algunas instancias autónomas y otras con grados menores de autonomía respecto de los ministerios.

Existen diferencias entre la visión normativa del proceso de toma de decisiones en la alta esfera del gobierno y su realidad. Dicha esfera depende y es condicionada por el conjunto del sistema del gobierno, el que puede generar mucho ruido.

Por otra parte, el Presidente no es una autoridad completamente discrecional, ni los temas se cortan de manera sectorial o geográfica nítida. La toma de decisiones en la alta esfera del gobierno es un proceso de negociación que involucra a múltiples actores, no siempre en posiciones predecibles sobre temas diferentes.

El proceso de decisiones de las políticas públicas y su puesta en práctica tienen importantes asimetrías de información. Las distintas reparticiones tienen y adquieren información especializada y puede variar la calidad y cantidad de sus esfuerzos de manera no siempre observable.

James Madison planteó que cuando distintos grupos de interés o "facciones" tratan de influir en las decisiones del gobierno, es probable que ninguno de ellos prevalezca y el resultado sea la búsqueda del interés nacional general o agregado[69].

Que las negociaciones sean abiertas y existan resultados observables es la situación óptima.

b) El tiempo del Presidente como principal activo estratégico

> *El balde para aquí.*
> Harry Truman, 1948

Es fundamental asegurar que la autoridad ejecutiva disponga de tiempo para dedicar a las tareas propias de la alta gestión gubernativa. El exceso de obligaciones protocolares o el consumo del tiempo en temas de menor relevancia relativa debieran ser evitados.

Es posible diseñar una matriz sobre la mejor utilización del principal recurso del gobierno, cual es el tiempo del Presidente. Sus otras dimensiones corresponden a las ocasiones y a los temas

69. James Madison, *Federalist Papers*, Nº 10.

que convenga desarrollar. Esta matriz puede tener distintos horizontes temporales, por ejemplo: 1, 2 o 3 semanas; ello no debería impedir la debida consideración del largo plazo.

c) Modelos de toma de decisiones

Existen al menos tres modelos de toma de decisiones por el Presidente.

i) *El primero corresponde a un modelo formalístico. Características:*
   - La información fluye desde cada uno de los jefes ministeriales y asesores.
   - Se definen roles y áreas claramente delimitadas y cada encargado sólo informa con autoridad aquello que le corresponde.
   - Los jefes reciben la información desde sus unidades.
   - No se estimula la comunicación entre los distintos equipos ni se intenta una toma de decisiones colegiada.
   - El Presidente se apega a estos procedimientos y no intenta saltar a niveles inferiores.
   - El Presidente toma la responsabilidad por la síntesis de los insumos recibidos.

Este modelo presenta los siguientes beneficios y costos.

Recuadro Nº 4. Modelo formalístico	
Beneficios	Costos
Fuerza un análisis más completo	La jerarquía puede distorsionar la información y las presiones políticas y de opinión pública
Conserva el tiempo para las decisiones más grandes	Tendencia a responder lenta o inapropiadamente a las crisis. Enfatizar lo óptimo. No estimula el conflicto abierto ni la negociación

Fuente: Alexander George, *Presidential Decision making in Foreign Policy*, Westview Press, Boulder, 1980. En Jorge Manzi y Flavio Cortés, Análisis de las crisis políticas, 1997, mimeo.

ii) El modelo competitivo de toma de decisiones.
Características:
- El Presidente estimula deliberadamente la competencia y conflicto entre los jefes ministeriales, dándole tareas que se superponen y que encierran un grado de ambigüedad.
- Existe poca comunicación entre los asesores.
- El Presidente puede en ocasiones bajar de niveles y pedir directamente información o evaluación de una política.
- Se fuerza a que el Presidente sea la última cabeza que recibe la información y que es la última instancia de decisión.

Este modelo presenta los siguientes beneficios y costos.

Recuadro N° 5. Modelo competitivo

Beneficios	Costos
Coloca al que toma las decisiones en la corriente principal de la información	Coloca una gran demanda sobre el tiempo y la atención del que toma las decisiones
Tiende a generar soluciones que son políticamente factibles y burocráticamente posibles de realizar	Expone al Presidente a una información sesgada o parcial. Pueden bajarse los niveles óptimos
Genera más ideas debido a la competencia y que está más abierta a ideas del exterior	Tendencias a que la competencia agravada estimule el privilegio de los planes personales
	Deterioro personal, agotamiento, alta rotación

Fuente: Alexander, George, *Presidential Decision making in Foreign Policy*, Westview Press, Boulder, 1980. En Jorge Manzi y Flavio Cortés, Análisis de las crisis políticas, 1997, mimeo.

iii) El modelo colegiado de toma de decisiones. Características:

- El Presidente es el centro de una rueda que conecta a los asesores y jefes ministeriales.
- Los asesores forman un equipo colegiado y se involucran en solución de problemas.
- La información se recibe desde puntos más bajos de la burocracia.
- Los asesores no funcionan como filtros para el Presidente. Más bien funcionan como un equipo de debates que busca obtener una mejor resolución del problema mediante el

enriquecimiento y la confrontación de variadas perspectivas.

- Los asesores son estimulados a actuar como generalistas más que como especialistas de un campo.
- Hay una atmósfera informal que estimula la expresión franca de puntos de vista y evita el juego de diferentes estatus de los participantes.
- Puede haber superposición de tareas y también bajar a escalones más bajos de la jerarquía.

Este modelo presenta los siguientes beneficios y costos.

Recuadro Nº 6. Modelo colegiado	
Beneficios	Costos
Busca lograr lo óptimo y lo realizable	Coloca demandas substanciales de tiempo y atención de los que toman decisiones
Involucra en red de información y en la información de un trabajo de equipo	Requiere grandes habilidades en manejo de subordinados, mediar diferencias y mantener trabajo de equipo
	Riesgo de que el trabajo en equipo degenere en un sistema cerrado de ayuda mutua

Fuente: Alexander, George, *Presidential Decision making in Foreign Policy*, Wesview Press, Boulder, 1980. En Jorge Manzi y Flavio Cortés, *Análisis de las crisis políticas*, 1997, mimeo.

d) Aspectos estratégicos[70]

*El arte de ser astuto
es el de saber qué saltarse.*
William James, 1890

Está en la naturaleza de las cosas que el gobierno tenga un amplio rango de acción, que incluye políticas de diversa naturaleza e importancia. Cada una de ellas debe ser objeto de atención.

Algunas políticas públicas son más importantes que otras. Y está en la naturaleza del buen gobierno que su acción se ordene principalmente en torno a orientaciones y políticas estratégicas. Son políticas estratégicas aquellas que prefiguran el legado del gobierno. Ellas deben dar los principales criterios de evaluación de la gestión propia y permitir ordenar a los partidos que apoyan al gobierno.

Se requiere una visión estratégica de mediano plazo que conjugue adecuadamente la dimensión política y la técnica en las políticas públicas. Para ello conviene institucionalizar una "hoja de ruta" para la gestión del gobierno, que se evalúe y reactualice periódicamente. La función de análisis prospectivo debería convertirse en una rutina formal en la gestión del Poder Ejecutivo.

70. Ríos, María Alejandra, "Planificación estratégica", sf, s/i.

Las preguntas importantes son: ¿qué puede ocurrir?; ¿qué puede hacer el gobierno?; ¿qué hará el gobierno?; y ¿cómo lo hará? ¿Qué deducciones racionales pueden hacerse de las proyecciones?

La estrategia es la administración autoevidente de un sistema a largo plazo. El concepto de estrategia involucra:

- Imaginarse y evaluar las posibles consecuencias de cursos opcionales de acción.
- Poseer conocimiento de la competencia y de los efectos que se encontrarían de tomar determinadas acciones.
- Voluntad de privarse de beneficios inmediatos con objeto de invertir en potencial futuro.
- Un control sobre los recursos más allá de las necesidades inmediatas.
- Habilidad para relacionar los conocimientos en un sistema interactivo.
- Producir un cambio predecible y deseable en el equilibrio del sistema[71].

71. Gabiña, Juanjo y M. Godet (1997): *Prospectiva y estrategia. Compendio de Trabajos presentados en el Primer Encuentro de Estudios Prospectivos*, LC/IPL.143, ILPES, 3 de junio.

5. Aspectos institucionales

a) *Secretaría de la Presidencia*

El papel de la Secretaría de la Presidencia encuentra su origen en el concepto de estado mayor militar.

Sus tareas suelen organizarse en las siguientes áreas:

- *Jurídico-legislativa.* Se incluyen la iniciativa de legislar y la agenda legislativa. Considera el trabajo de comisiones bilaterales legislativas y el perfeccionamiento del proceso de generación de ley al interior del Ejecutivo.
- *Ejecutiva.* Se efectúa el procesamiento administrativo de los decretos supremos.
- *Coordinación interministerial.* Incluye los comités interministeriales y otros instrumentos de coordinación, tales como las comisiones interministeriales y los grupos de trabajo ad-hoc. En esta área se diseñan y evalúan las metas ministeriales.
- *Estudios.* En ellas se preparan informes de estrategia política, de coyuntura y otros especiales[72].

72. Ministerio Secretaría General de la Presidencia de Chile (1993): "Rutinas", documento interno, agosto.

Los Comités Interministeriales habitualmente están formados a partir de un área temática común, tales como las del área política, económica, social, de política exterior, infraestructura y transportes, desarrollo productivo, entre otros. Habitualmente son apoyados por una Secretaría Técnica.

b) Metas ministeriales

Las metas ministeriales, por su parte, son el conjunto de tareas o planes prioritarios que los ministerios y algunos organismos autónomos seleccionados se proponen desarrollar en el período siguiente. Estas metas o tareas no se definen sobre la sola base de cada ministerio en particular, sino considerando áreas interministeriales, determinadas con algún criterio programático. También es posible especificar metas ministeriales regionales.

Las metas ministeriales son un paso importante en la modernización y racionalización de la gestión pública, ya que permiten avanzar en el cumplimiento de diversos requisitos de ambos procesos.

Allí donde ellas existen, la principal profundización necesaria es su conversión en metas interministeriales. Para ello las metas deberían definir objetivos precisos, de ser posible cuantificados. Al respecto se requiere decantar los esfuerzos de

priorización y síntesis por parte de los ministerios y de las diversas instancias interministeriales.
Las responsabilidades específicas asociadas a cada
meta deberían estar bien perfiladas; el tema de
los gerentes de proyectos o programas debería ser
formalizado.

La aplicación de las metas interministeriales
puede contribuir a hacer más eficiente el proceso
de toma de decisiones, así como a identificar las
necesidades de coordinación y de apoyo de los
programas más importantes. Mediante ellas se
puede hacer un seguimiento de los niveles de
cumplimiento y obtener una visión de la labor que
ejecuta el gobierno en un momento determinado.
También permiten conocer trabas o cuellos de
botella (incluidos conflictos para su logro); determinar iniciativas legales de carácter interministerial; considerar las proposiciones, gerentes de
proyectos y programas por metas ministeriales o
interministeriales, e identificar metas emergentes
y metas con posibles retrasos. Además, facilitan
la evaluación de las políticas públicas mientras
ellas se aplican y, más importante todavía, una
vez que el período de gestión ha concluido. Por
último, la relación entre la formulación y el diseño de las metas interministeriales será un insumo
importante para la elaboración del proyecto de
ley de presupuesto del período siguiente.

c) Asesoría en Políticas Públicas

> *Todo lo que se puede decir, puede ser*
> *dicho claramente.*
> Ludwig Wittgenstein

Con diversas denominaciones se ha planteado la existencia de Unidades de Análisis de Políticas cercanas a la Presidencia. Ellas integrarían profesionales de diversas disciplinas quienes desde un punto de vista técnico y político plantean alternativas a la consideración y decisión del Presidente. Estas unidades tienen roles especiales en el proceso de formulación de políticas, identificando problemas, estudiando alternativas y analizando su viabilidad económica, política y administrativa[73]. Por su naturaleza, tales asesores no tienen línea de mando sino de consejo.

Sus tareas suelen ser:

Reuniones del Presidente
- Preparación de las reuniones del Presidente con los ministros y otras autoridades de gobierno, así como con otras personas a quienes se les otorgue audiencia.

73. Lahera, Eugenio (1990): "Asesoría en políticas públicas", documento interno, Santiago de Chile, Secretaría General de Gobierno, marzo, 1990; y Sulbrandt, José (1994): "Presidencia y gobernabilidad en América Latina: de la presidencia autocrática a la democrática", *Revista del CLAD*, Nº 2, julio.

- Asistencia del respectivo encargado de un área de políticas a las reuniones o audiencias del Presidente.
- Redacción de minutas sobre cada audiencia o reunión del Presidente.
- Seguimiento de los temas tratados en las reuniones con el Presidente, incluyendo los compromisos asumidos o solicitados por el Presidente y los demás asistentes.

Seguimiento de políticas públicas
- Cada encargado de políticas públicas en un área determinada (económica, política, social o cultural) realiza el seguimiento de los temas de política pública, a distintos niveles según la decisión del Presidente. Este trabajo se realiza en estrecho contacto con la Secretaría General de la Presidencia y la Dirección de Presupuestos.
- Se presenta este seguimiento al Presidente, quien lo revisa periódicamente (en reuniones o a través de minutas).
- Se mantiene informado al Presidente, a través de análisis de políticas por tema, de los principales "cuellos de botella" de diseño o implementación de las políticas públicas.

Preparación de textos e intervenciones del Presidente
- Se preparan los textos e intervenciones del

Presidente, asegurando conversaciones previas entre el Presidente y los responsables.

Información de prensa
* Se mantiene informado al Presidente de los temas de actualidad nacional e internacional especialmente aquellos de interés o polémica. Se pone realce en las informaciones internacionales y a las discusiones sobre temas relevantes.

Trabajos especiales
* A solicitud del Presidente o por iniciativa propia se realizan estudios sobre una amplia variedad de temas referidos a las políticas públicas.
* Asistencia a reuniones, incluyendo el Comité Político y la Secretaría Técnica.

Otras posibilidades corresponden a las reuniones estables entre equipos técnicos y la conducción política, o diversas formas de gabinete restringido.

Vale la pena considerar el tema de la calidad de las asesorías sobre políticas públicas. En el caso de Nueva Zelanda se han establecidos estándares de calidad al respecto los que incluyen: claridad de propósitos, lógica intrínseca, precisión, adecuado rango de opciones, realización de las consultas necesarias, carácter práctico de su implementación, presentación efectiva[74].

6. PARTICIPACIÓN EN LAS DECISIONES

> *¿Qué es la ciudad, sino la gente?*
> Shakespeare, *Coriolano*

Las tareas de la gobernabilidad no se agotan con las elecciones, sino que continúan con el diseño de las políticas públicas.

a) *Sociedad civil*

Varios gobiernos de la OECD tienen arreglos institucionales establecidos hace tiempo para consultas, por ejemplo, foros tripartitos de gobierno, sector privado y trabajadores. Varios tienen grupos asesores permanentes o ad-hoc que incluyen a organizaciones de la sociedad civil.

Un reciente plan de promoción de la participación de la sociedad civil plantea los siguientes aspectos:

---

74. Nueva Zelanda (1992): *The Policy Advice Initiative: Opportunities for Management*, State Service Commission.

- Ampliación del conocimiento sobre los ámbitos de participación en la ciudadanía y en sus organizaciones.
- Difusión de información analítica y comparativa.
- Generación de capacidades para participar.
- Programas específicos para consolidar la participación sectorial.
- Fortalecimiento de las organizaciones civiles.
- Promoción del control social como componente de la gestión pública.
- Consolidación de una estructura institucional de seguimiento y evaluación de la participación ciudadana[75].

El gobierno puede favorecer iniciativas para incorporar las demandas sociales en el diseño de proyectos de desarrollo social integrado y para acrecentar la articulación entre las organizaciones reivindicativas de los grupos menos integrados a los beneficios de la modernización y los organismos estatales que deciden sobre el manejo de recursos públicos, así como la vinculación entre el sistema político y los agentes y las demandas del mundo popular.

75. Conpes (1995), "Política gubernamental de promoción de la participación de la sociedad civil", borrador de trabajo, abril.

El trabajo coordinado con las organizaciones no gubernamentales ayudaría mucho en la formulación de políticas sociales para unidades de pequeña escala, tanto por la vinculación ya establecida por esas organizaciones con dichos grupos, como porque en su trabajo sobre el terreno los expertos de esas organizaciones han aprendido a desarrollar estrategias de movilización de recursos humanos, de participación y de motivación de la comunidad[76].

Una idea interesante es la de un portal gubernamental en el que puedan recibirse quejas y comentarios, los que podrían ser reenviados a las autoridades respectivas.

Los gobiernos tienen la obligación de dar cuenta sobre la utilización que ellos realizan de los insumos aportados por la ciudadanía a través de feed back, consultas públicas y participación.

b) *Los institutos de políticas públicas*

Los institutos de políticas públicas habitualmente reúnen a técnicos y políticos que encuadran sus propuestas de políticas en determinados marcos analíticos e ideológicos. Estos institutos parecen

---

76. CEPAL (1992): *Equidad y transformación productiva: un enfoque integrado* (LC/G.1701/Rev.1-P), Publicación de las Naciones Unidas, Santiago de Chile, abril.

cubrir un espacio descuidado por los partidos políticos y sólo el tiempo dirá si para detrimento de dichas organizaciones, o como una respuesta funcional a una demanda.

Los institutos en general se plantean en torno al diseño —si bien no exclusivamente— de las políticas públicas, tanto para apoyar determinados aspectos como para bloquear otros.

Es habitual, en este sentido, que se relacionen con los partidos políticos y el Poder Legislativo, sin perjuicio de llegar también a públicos corporativos o especializados[77].

Recuadro Nº 7
Institutos privados de políticas públicas

En el caso de América Latina, destacan la Fundación de Investigación Latinoamericana (FIEL) y el Instituto de Estudios Económicos de Argentina y América Latina, ligado a la Fundación Mediterránea, en Argentina; el Instituto Atlántico y el Instituto Liberal de Río de Janeiro, en Brasil; el Instituto de Libertad y Desarrollo y el Centro de Estudios Públicos, en Chile; el Centro para la Orientación Económica, en República Dominicana; el Centro de Investigación Económica Nacional, de Guatemala; el Instituto APOYO y el Instituto de la Economía de Libre Mercado, en Perú; el Centro para el Estudio de la Realidad Económica y Social (CERES) en Uruguay; y el Centro para la Diseminación de Información Económica, en Venezuela.

Fuente: CIPE (1996): *Directory of Public Policy Institutes in Emerging Markets*, Washington.

---

77. Sobre el tema véase, especialmente Johnson, Erik (1966): "Cómo funcionan los institutos de políticas", *Reforma Económica*, Nº 3, revista editada por el CIPE, de Washington D.C.

c) Lobby

Conviene regular y no pretender ignorar a los grupos de presión, así como a las actividades de lobby.

El gobierno de Brasil decidió que las autoridades con oficina en el Palacio de Planalto no pueden conceder audiencias a lobbistas u oficinas de consultorías. Los funcionarios de la Presidencia de la República están impedidos de aceptar propuestas de trabajo fuera del gobierno, en empresas u organizaciones corporativas. Sólo se permite la participación externa en eventos amplios, tales como seminarios[78].

Convendría inhabilitar a funcionarios de alto nivel y parlamentarios para ejercer actividdes de lobby, por ejemplo, por dos años.

78. *Journal do Brasil*, 9 de noviembre de 2001.

II. DISEÑO DE LAS POLÍTICAS PÚBLICAS

No es que ellos no puedan ver la solución.
Es que no pueden ver el problema.
Gilbert K. Chesterton

Conviene más hablar de diseño que de creación de las políticas públicas, ya que rara vez una política nace en el vacío. Las políticas se alimentan en buena parte de sí mismas, de antecedentes y orientaciones anteriores, las que son modificadas.

Se requiere mejorar la capacidad de diseño, incluyendo el frecuente rediseño de las políticas públicas.

1. La articulación técnico-política
Evaluación anterior

a) Habilidades de un técnico-político

En el ámbito específico de la discusión sobre el detalle de las políticas públicas puede destacarse el papel que juegan los técnicos-políticos al interior o fuera del gobierno. Es habitual que se demande más que un simple análisis técnico y que, por lo tanto, se requiere manejar un conjunto amplio de conocimientos y habilidades.

Entre las habilidades de un técnico-político destacan la capacidad de presentación y análisis, incluyendo el manejo de analogías y el conocimiento acabado de los aspectos institucionales, así como del sentido político de la oportunidad. En este sentido se valora especialmente el ser capaz de poner los temas en una perspectiva más amplia, que permita formarse una opinión que considera, pero trasciende, las minucias específicas.

El acabado manejo de la información y del conocimiento necesario para plantear alternativas no es suficiente, ya que se requiere seleccionar lo relevante y destacar los resultados y costos previsibles.

Es fundamental adquirir habilidad y precisión en el lenguaje escrito, saber razonar por analogía, conocer detalles institucionales y aspectos legales de los diversos procesos.

Es también importante ser capaz de anticipar cómo serán percibidas las políticas y plantear su defensa en términos más amplios, ideológicos o filosóficos[79].

Además es necesario poder establecer supuestos simplificadores y reducir la complejidad de los temas a ser tratados. Traducir los diseños de

79. Nelson, Robert (1987): "The Economics Profession and the Making of Public Policy", *Journal of Economic Literature*, Vol. 25, marzo.

política en actitudes del mundo real, en un medio de gestión caracterizado por un escrutinio intenso y por reglas a veces difíciles o absurdas; también la capacidad de experimentar con soluciones novedosas.

En un sistema de gobierno que se guía por la deliberación pública, el análisis —aun el análisis profesional— tiene menos que ver con las técnicas formales de solución de problemas que con el proceso de argumentación.

Parte esencial de la tarea del analista consiste en explicar y defender un plan de acción razonable cuando el óptimo teórico se desconoce o es prácticamente inalcanzable.

El analista de políticas es un productor de argumentos de las políticas, más semejante a un abogado —un especialista en argumentos legales— que a un ingeniero o un científico. Sus capacidades básicas no son algorítmicas, sino argumentativas: para examinar con espíritu crítico los supuestos, para producir y evaluar pruebas, para conservar muchos hilos en la mano, para buscar un argumento en muchas fuentes dispares, para comunicarse efectivamente.

Los gobernantes necesitan el análisis retrospectivo (posterior a la decisión) por lo menos tanto como del prospectivo (anterior a la decisión), y probablemente más.

Se comete un error cuando se aconsejan políticas sobre la base de una visión estrecha de su factibilidad. No hay ninguna diferencia esencial entre las restricciones técnicas, económicas, políticas, institucionales o de cualquier otra clase: todas limitan la libertad de elección del gobernante, y su violación lleva siempre consigo una sanción[80].

b) *Gobierno y partidos*

Los gobiernos requieren coordinar sus políticas públicas con los partidos políticos.

En el caso de Suecia se instituyó una Unidad de Coordinación de la Coalición de gobierno en la oficina del Primer Ministro. En Irlanda, una institución parecida, el Grupo de Gestión del Programa de la Alianza, combina a representantes del gobierno y de los partidos que lo apoyan[81].

Los partidos políticos deben ser capaces de organizarse para las elecciones, pero también de gobernar; para ello, sería conveniente fortalecer los institutos de estudio ligados a ellos e insistir en la incorporación de personas con capacidad

---

80. Majone, *op. cit.*

81. OCDE (1996): "Building policy coherence. Tools and tensions", *Public Management Ocassional Papers*, Nº 12, París.

técnica y científica para diseñar las propuestas de políticas públicas[82].

Es conveniente formalizar diversos mecanismos de información y consulta entre el gobierno y el Parlamento, de modo de mantener oportuna y debidamente informadas a las bancadas sobre las iniciativas del Ejecutivo. Ellos pueden incluir reuniones semanales de ministros del área política con los presidentes de los partidos y los jefes de las bancadas, la constitución de comisiones bipartitas Poder Ejecutivo-bancadas parlamentarias y una fluida red de información con los partidos de oposición[83].

c) La paradoja de la determinación

Se ha planteado la existencia de la "paradoja de la determinación", conforme a la cual las grandes condiciones de equilibrio político-económico, cualquiera que ellas sean, predeterminan lo que sucederá. Dentro de este marco, las asesorías de

82. Pizarro, Eduardo (1995): "La comisión para la reforma de los partidos", *Análisis político*, Nº 26, Santafé de Bogotá, septiembre/diciembre.

83. Boeninger, Edgardo (1993): "Coordinación y coherencia en la acción del gobierno. Algunas propuestas a partir de la experiencia", documento interno, Secretaría General de la Presidencia. Santiago de Chile, noviembre.

política no tienen sentido. A lo más podría distinguirse entre los consejos inútiles, orientados a persuadir sobre cambios en creencias, objetivos y valores, y aquellos orientados a mejorar la consistencia y la racionalidad.

Las condiciones exitosas de la entrega de asesoría serían dos: la primera es la información asimétrica, esto es cuando el asesor sabe más que el asesorado. La segunda es la coincidencia de intereses, incluso si no es exacta. Esta conduce a algún tipo de dependencia entre ambos[84].

No se puede entregar asesoría sobre políticas públicas suponiendo que la autoridad es un déspota benevolente, sino considerando la estructura donde se toman las decisiones de política pública[85].

84. O'Flaherty, Brendan y J. Bhagwati (1997): "Will Free Trade with Political Science put Normative Economists out of Work?", *Economics and Politics*, Vol. 9, Nº 3, noviembre.

85 Buchanan, J.M. (1968): "An Economist's Approach to 'Scientific Politics'", en M. Parsons, (ed.), *Perspective in the study of Politics,* Rand Mc Nally, Chicago.

d) De allí la importancia de la ciencia del acomodo

Recuadro N° 8. La ciencia del acomodo	
Racional comprensivo (por la raíz)	Comparaciones limitadas sucesivas (por las ramas)
1a. Aclaración de valores u objetivos distintos del análisis empírico de políticas alternativas	1b. Selección de valores, metas y análisis empírico de la acción necesaria que no son distintos entre sí sino que están estrechamente entrelazados
2a. Por tanto, la formulación de políticas se intenta mediante el análisis de medios y fines Primero se aíslan los fines; luego se buscan los medios para alcanzarlos	2b. Dado que los medios y los fines no son distintos, el análisis de medios y fines es a menudo poco apropiado o limitado
3a. La prueba de una política "buena" es que pueda demostrarse que es el medio más apropiado para los fines deseados	3b. La prueba de una política "buena" es típicamente que varios analistas se encuentren de acuerdo sobre una política (sin que estén de acuerdo en que es el medio más apropiado para un objetivo convenido)
4a. El análisis es comprensivo; se tiene en cuenta todo factor relevante e importante	4b. El análisis está drásticamente limitado: i) se omiten importantes resultados posibles ii) se omiten importantes políticas alternativas potenciales iii) se omiten importantes valores afectados
5a. A menudo se recurre fuertemente a la teoría	5b. Una sucesión de comparaciones reduce la manera importante o elimina el uso de la teoría
Fuente: Lindblom, Charles E. (1999) *Democracia y sistema de mercado*, Fondo de Cultura Económica, México.	

e) Incrementalismo

Para Lindblom existen tres significados del incrementalismo como análisis de políticas[86]:

- Análisis que se limita a la consideración de opciones políticas, cada una de las cuales es incrementalmente diferente al statu quo o análisis incremental **simple**.

- Análisis caracterizado por un conjunto de otras estrategias simplificadoras que se apoyan de manera mutua: a) limitación del análisis a unas cuantas opciones políticas más o menos bien conocidas; b) vinculación del análisis de objetivos políticos y otros valores con los aspectos empíricos del problema; c) mayor interés analítico en relación con los males que han de remediarse que con las metas que se han de perseguir; d) secuencia de ensayos, errores y nuevos ensayos corregidos; e) análisis de algunas, no de todas, entre las posibles consecuencias importantes de las opciones consideradas, y f) fragmentación de la labor analítica entre muchos participantes (partidistas) en el diseño de políticas. Este es un incrementalismo **inconexo**.

---

86. Lindblom, Charles E. (1999): *Democracia y sistema de mercado*, Fondo de Cultura Económica, México.

- Análisis limitado a cualquier conjunto de estrategias, bien calculadas y escogidas, para simplificar problemas políticos complejos, esto es, tomar un atajo que conduzca al análisis "científico" convencionalmente amplio[87]. A esta práctica el autor da el nombre de análisis **estratégico**[88].

f) Estudios

La asignación de recursos para el estudio de las políticas públicas es una falla de mercado. Es habitual que no se sigan los pasos básicos de una buena investigación. Debería aumentar el apoyo a este tipo de actividades[89].

Lindblom señala cuatro principios rectores en materia de investigaciones profesionales valiosas para las políticas públicas:

---

87. Por vía de ejemplo, entre las estrategias bien conocidas se incluyen el método de tanteos, la "salida del callejón sin salida", la limitación del análisis a unas cuantas opciones, las decisiones rutinarias, el enfoque de la toma de decisiones en tiempos de crisis, etcétera. En Lindblom, Charles E. (1999): *Democracia y sistema de mercado*, Fondo de Cultura Económica, México.

88. Lindblom, Charles E., *op. cit.*

89. O'Ryan, Raúl, P. González (2000): "Políticas Públicas", *El Mercurio* Santiago de Chile, noviembre.

- Partidismo en vez de prosecución del interés público.
- Diversos estudios para liberar de obstrucción a la mente en vez de preocupación por soluciones factibles.
- Ayuda al ciudadano ordinario en vez de servir únicamente a los funcionarios.
- En vez de recomendaciones, diseñar la investigación para encontrar necesidades específicas críticas.

Llama científico social o investigador partidista al que reconoce que su trabajo está guiado por una selección de posibles intereses y valores; que, en la medida de lo factible, revela su selección; que no pretende que sus valores o intereses beneficien a todos; que, expresado en otra forma, reconoce que, hasta cierto punto, son nocivos para algunas personas; y que cree, que le es imposible obrar de otra manera sin engañarse a sí mismo y a quienes utilizan su trabajo[90].

---

90. Lindblom, Charles E., *op. cit.*

2. Articulación de las metas programáticas y cotas presupuestarias

a) El problema

Es necesario articular los criterios y compromisos político-programáticos con el criterio de manejo presupuestario equilibrado.

¿Quién establece la articulación periódica de las metas programáticas y las cotas presupuestarias? Si no es la misma institución, ¿cómo se articulan ambas?[91]

El Presupuesto es la concreción del programa de gobierno, el lugar de sinceramiento de metas y cotas de financiamiento. Se trata de un acto complejo, en el que intervienen el Poder Ejecutivo y el Legislativo.

Las instituciones encargadas del Presupuesto —incluyendo el conjunto de reglas, procedimientos y prácticas con las que se diseña y ejecuta el Presupuesto— requieren diversas modificaciones.

El ejercicio presupuestario anual debe modernizarse. Al respecto puede establecerse un presupuesto con base cero para sectores determinados, o privilegiar el uso de presupuestos por programas,

---

91. Lahera, Eugenio y Ocampo Jose Antonio (2000), "Aspectos institucionales del Pacto Fiscal", manuscrito, CEPAL.

buscando reducir la inercia presupuestaria por diversas vías. En este último caso el presupuesto debe considerar programas con metas específicas que puedan ser evaluadas, y apoyarse en un sistema de información que fluya en forma coherente desde los niveles de operación a los de toma de decisiones.

También es posible utilizar una contabilidad diferenciada para facilitar la estimación exacta de los costos adicionales que exigirá determinada política.

El punto inicial de la discusión podría ser la fijación de un monto preciso, cuyo proceso de asignación clarifique que todo aumento requerirá un descenso como contrapartida.

Desde otro punto de vista, la formulación de políticas debe atender de modo explícito a las implicaciones financieras de éstas, precisando los nexos costo-resultado y conviene poner en práctica las recomendaciones hechas en las evaluaciones.

b) Asignación del gasto[92]

La buena asignación del gasto público tiene como prerrequisito el fortalecimiento del sistema de

92. Fontaine, Ernesto (1999): *Evaluación social de proyectos*, Alfaomega, México.

evaluación de las inversiones públicas, cuyo objetivo es el de asignar los recursos de inversión hacia aquellos proyectos e iniciativas de mayor rentabilidad social.

Un análisis sistemático del gasto público debiera apoyar la formulación y ejecución de una política de gasto público, incluyendo el gasto militar y el correspondiente a subsidios a los productores.

El método de evaluación social de proyectos —cuya finalidad central es medir el impacto que el proyecto tiene sobre el bienestar general de la comunidad— debe ser progresivamente aplicado al total de la asignación de recursos, incluyendo áreas diferentes a las de inversión e infraestructura. A través de la utilización de precios sociales también llamados precios sombra, de cuenta o de eficiencia se pueden jerarquizar las contribuciones que distintos proyectos pueden hacer a la sociedad como un todo[93].

El análisis costo-beneficio posibilita la evaluación de proyectos, determinando si son o no rentables mediante la comparación de los flujos de beneficios y de costos que su implementación implica.

93. Cohen, Ernesto y R. Franco (compiladores) (1992): *Evaluación de proyectos sociales*, Siglo XXI Editores, México.

Para la identificación de los costos y beneficios del proyecto que son pertinentes para su evaluación, es necesario definir una situación base o situación sin proyecto; la comparación de lo que sucede con proyecto versus lo que hubiera sucedido sin proyecto, definirá los costos y beneficios pertinentes del mismo.

Para la evaluación social interesa el flujo de recursos reales (de los bienes y servicios) utilizados y producidos por el proyecto. Para la determinación de los costos y beneficios pertinentes, la evaluación social definirá la situación del país con versus sin la ejecución del proyecto en cuestión. Así los costos y los beneficios sociales podrán ser distintos de los contemplados por la evaluación privada económica porque: i) los valores (precios) de los bienes y servicios difieren del que paga o recibe el inversionista privado; o ii) parte de los costos o beneficios recaen sobre terceros (el caso de las externalidades o efectos indirectos). La formulación y la evaluación son el anverso y el reverso de una misma medalla, dado que el proyecto no puede evaluarse sin ser previamente formulado. De esta manera, la ubicación temporal de la evaluación está en la etapa ex-ante, sirviendo sus resultados para decidir sobre la ejecución del proyecto[94].

94. Fontaine (1984), *op. cit.*

Dado que los ingresos y gastos del sector público se ven afectados por los movimientos cíclicos de la actividad económica, un criterio de estabilidad macroeconómica recomendaría evaluar la solidez de las cuentas fiscales sobre la base del análisis de sus ingresos y gastos de tendencia. Una manera de hacer operacional esta proposición sería a través del análisis del presupuesto público del año siguiente, como parte de una proyección de las cuentas fiscales para un período más largo[95].

Recuadro N° 9
Chile: Fondo para prioridades gubernamentales

En Chile existe un Fondo Central de Recursos para Prioridades Gubernamentales, al cual postulan en un formato estandarizado las iniciativas nuevas y las ampliaciones o reformulaciones de programas existentes. Con ello se persigue mejorar la asignación de recursos públicos a nuevos programas, reformulaciones o ampliaciones sustantivas de ellos, disminuyendo así el carácter inercial del presupuesto.

Los ministerios inician su proceso de elaboración de propuesta de presupuesto con información de un marco presupuestario vinculado a sus gastos de carácter inercial (determinados por leyes, compromisos de mediano y largo plazo, etc.), pudiendo postular a un Fondo Central de Recursos para Prioridades Gubernamentales (Fondo Concursable) todos aquellos programas nuevos, reformulaciones o ampliaciones sustantivas de programas existentes no incorporados en este marco.

Fuente: Dirección de Presupuesto de Chile, 2001.

---

95. Rosende, Francisco (1992): "Macroeconomía y finanzas públicas. Algunas consideraciones", *Puntos de Referencia*, N°106, Centro de Estudios Públicos, noviembre.

Un elemento básico del sistema es el control de los compromisos presupuestarios futuros, tanto en el plano de pasivos contingentes, autorizaciones de leyes, licitaciones, acuerdos contractuales y todos aquellos que representen una potencial obligación del Estado, asumidos por las autoridades administrativas. Asimismo, un acucioso manejo de las carteras de deudores y acreedores, estableciendo las fechas de vencimiento de cada una de las transacciones celebradas.

Se espera que las demandas y asignaciones de recursos presupuestarios se sustenten en resultados esperados, y que en forma creciente las discusiones en el plano presupuestario se sustenten en términos de productos y servicios.

3. Discusión y seguimiento del Presupuesto

a) Ley de Presupuesto

La Ley de Presupuesto debe ser el principal instrumento de la política fiscal y conviene fortalecerla desde el punto de vista macroeconómico.

Al respecto, conviene institucionalizar la discusión respectiva en el Poder Legislativo: puede ser de especial utilidad acompañar el proyecto de ley con una proyección fiscal de mediano plazo, que ilustre las principales opciones y compromisos que enfrentarán las finanzas públicas en los años sucesivos. Al respecto son también de utilidad los Fondos de Estabilización.

Es conveniente establecer en forma permanente que el monto de gasto corriente aprobado en la Ley de Presupuesto tiene el carácter del límite superior y que sólo puede ser sobrepasado en casos expresamente aprobados por ley[96]. Es conveniente reglamentar los eventuales excesos en el gasto corriente y en las inversiones de la ejecución presupuestaria. Del mismo modo, conviene precisar en qué casos pueden utilizarse fondos que puedan interpretarse como mayores ingresos.

b) Oficina de Presupuesto

Por completa que sea la información que entregue el Ejecutivo, particularmente la Dirección de Presupuesto, ella no resulta útil si no es analizada sistemáticamente. Para ello, es necesario realizar un seguimiento permanente sobre la ejecución presupuestaria y la elaboración de estudios específicos sobre aspectos que interesen a los parlamentarios.

96. Marcel, Mario y J. Vial (1993): "Elementos de política fiscal macroeconómica", documento interno, Ministerio de Hacienda. Santiago de Chile.

La creación de una Oficina de Presupuesto en el Congreso Nacional podría contribuir a que el Poder Legislativo cumpla con más facilidad y conocimiento su función de discutir el Presupuesto de la Nación, ya que ayudaría a disponer de información sistemática y suficiente[97].

Algunos autores estiman que esta proposición podría ser una amenaza a las atribuciones del Poder Ejecutivo en materia presupuestaria. Sin embargo, ella puede ser mirada como una herramienta para asegurar el cumplimiento informado de las funciones que la Constitución le asigna al Congreso.

Al respecto existen dos opciones que es posible estudiar:

• Una opción es la Oficina de Presupuesto como una instancia de magnitud tal que pueda realizar un seguimiento de la ejecución presupuestaria, elaborar los estudios específicos que se consideren necesarios y proveer a los parlamentarios de un análisis suficiente sobre las implicancias presupuestarias de las diversas iniciativas. La ventaja de esta opción es la relativa

---

97. PAL (Programa de Asistencia Legislativa) (1994): "Proposiciones para el perfeccionamiento de la discusión presupuestaria", *Bitácora legislativa*, noviembre, pp. 45-51.

autosuficiencia del Congreso para disponer de la información requerida. Las desventajas son la extrema dificultad de disponer de la capacidad instalada a fin de responder a los diversos requerimientos, la generación eventual de una planta amplia de funcionarios y la imposibilidad de entregar una información elaborada de acuerdo con los criterios políticos que orientan la acción de las distintas fuerzas representadas en el Congreso.

• Otra opción es la de establecer la Oficina de Presupuesto como una unidad pequeña, con un presupuesto flexible, que estructure las demandas de los parlamentarios canalizándolas hacia una red de instituciones públicas o privadas para su ejecución. La desventaja de esta opción radica en la relativa falta de suficiencia del Congreso en estas materias. Las ventajas de esta propuesta son, sin embargo, variadas: evita tener que aumentar en forma significativa la planta de funcionarios y permite recurrir a los mejores especialistas del tema específico que se trate y a las instituciones técnicas que posean una afinidad política con el o los parlamentarios que requieran los servicios.

• Una tercera posibilidad sería alguna combinación de las opciones anteriores.

4. Las reformas al Poder Legislativo

La reforma analizada en este trabajo está centrada principalmente en el gobierno. Sin embargo, es preciso considerar que:

- Para el diseño de las más diversas políticas públicas, el Poder Legislativo tiene un papel de gran importancia.

- La eficacia de la función fiscalizadora y de control político del Parlamento está condicionada en buena medida por el apoyo de que dispongan para evaluar técnica y objetivamente las políticas públicas, las decisiones de política económica y los efectos de los actos de gobierno[98].

- Por otra parte, mediante una ley delegativa el Congreso puede delegar en el gobierno el poder para adoptar decretos con fuerza de ley en áreas preestablecidas y conforme a principios señalados en la ley. El mecanismo de legislación corresponde a la autorización dada por el Congreso para cambiar leyes por decretos gubernativos, en particular en lo referido a procesos administrativos y la organización de las reparticiones públicas.

---

98. Banco Interamericano de Desarrollo (BID), "Elementos para la modernización del Estado", Washington D.C., Grupo de Trabajo para la Modernización del Estado, julio de 1994.

Es importante que el Poder Legislativo tenga bajos costos de transacción, como resultado de una estructura institucional que facilite los intercambios a lo largo del tiempo y el logro de compromisos creíbles.

Conviene distinguir entre el fortalecimiento institucional y la organización interna del Poder Legislativo; el primer aspecto se refiere a la relación del Parlamento con su entorno, mientras que el segundo se relaciona con el sistema de relaciones y métodos de trabajo al interior del Congreso[99].

a) Representatividad y políticas públicas

El primer aspecto se refiere al sistema de convicciones, valores, principios y reglas de juego correspondientes, que determinan las funciones a desempeñar por la institución parlamentaria, los procesos de elección de sus miembros, el estatuto de los mismos, las pautas básicas de su funcionamiento, así como los modos de relación con los demás poderes del Estado y con la sociedad y los actores sociales en general.

99. Esta distinción y su desarrollo corresponden a Prats, Joao (1996): "Por unos Parlamentos al servicio de la democracia, la eficiencia económica y la equidad social", *Revista del CLAD*, Nº 6, julio.

En cuanto a la representación, resulta aconsejable la búsqueda de mecanismos de interacción de los parlamentarios con los votantes de su distrito más frecuentes y directos que el ejercicio del voto en cada período de renovación del Congreso. La transmisión televisiva o por otro medio de las actividades parlamentarias es funcional a este propósito, como lo es la posibilidad de establecer contacto vía Internet.

El tema del conflicto de intereses que puede plantearse a los parlamentarios es importante. Al respecto la práctica internacional fluctúa entre el énfasis en las prohibiciones y el énfasis en la información. Una medida aplicada en España, Reino Unido, Alemania y Estados Unidos es la del registro obligatorio de intereses, si bien es infrecuente que deba informarse sobre ingresos[100]. Por otra parte, en Estados Unidos se inhabilita por dos años a los ex-parlamentarios para actuar en lobbies. Podría generalizarse la práctica del fideicomiso ciego. Un código de ética, con sanciones, no estaría demás.

Una regulación adecuada de los grupos de interés comienza por establecer un registro público. También se pueden tipificar las conductas prohibidas y prácticas reprobadas. La experiencia internacional es que la dureza respecto del lobby,

100. *The Economist*, 5 de noviembre de 1994.

más que ser útil, suele servir de fines propagandísticos[101].

b) Como organización

En la segunda esfera existen diversos requerimientos de reforma, referidos a los recursos humanos, financieros, tecnológicos, de competencia y capacidades que están al servicio de las funciones de la institución parlamentaria.

En las últimas décadas se experimenta un aumento de la carga de trabajo del Poder Legislativo; se incrementa el número de leyes y enmiendas y el control del Ejecutivo se hace más complejo a medida que éste aumenta su producción normativa y extiende su intervención a nuevos terrenos. Ello ha traído como corolario un incremento en la demanda de medios requeridos por los parlamentarios. Se trata de una asistencia de tipo material, pero también de medios de información y de documentación. Por otra parte, los parlamentos buscan ubicarse como lugares de prestaciones intelectuales destinadas a favorecer el ejercicio de sus mandatos[102].

101. "El dilema del lobby", en *Quorum* Nº 3, Valparaíso, noviembre de 1995.

102. Sallenave, Etienne (1993): "Un renforcement des moyens d'action du Parlement", *Revue française d'administration publique*, Nº 68, octubre/diciembre.

El trabajo cotidiano del Poder Legislativo puede ser simplificado y sus condiciones de operatividad mejoradas incluyendo aspectos de formulación de las leyes, uso del tiempo en las salas y la información legislativa en general. (Véase recuadro 10).

Recuadro N°10
Estados Unidos: Asesoría al Congreso

En el Congreso de Estados Unidos operan algunas organizaciones internas para apoyar a los parlamentarios, cuya tarea es alimentar de conocimientos, de información y de análisis el proceso de discusión y aprobación de la legislación. En la práctica operan como una tecnocracia dentro del Poder Legislativo, y algunos tienen grandes dimensiones, con cientos de funcionarios a cargo de atender los requerimientos que reciben.

Cada una de las cámaras posee una oficina de consultoría legislativa, un cuerpo que opera desde hace varias décadas asistiendo a los legisladores en el análisis de los proyectos de ley, con equipos integrados por profesionales especializados que revisan el contenido jurídico de los textos. (*Congressional Research Service*, dependiente de la Biblioteca del Congreso.)

El Servicio de Investigación del Congreso (*Congressional Research Service*), dependiente de la Biblioteca del Congreso, fue concebido para responder a consultas con información neutra. Su trabajo puede ser muy intenso, hasta de cientos de miles de respuestas por año. Se trata de información confidencial, disponible sólo para quien la requiera, y que pueden ser muy simples como una estadística poblacional, o tan complejas como un estudio sobre necesidades asistenciales de esa población.

La Oficina de Presupuesto del Congreso (CBO), un ente sin vinculación partidista, tiene la misión de asesorar a los parlamentarios en el proceso de discusión y aprobación del presupuesto anual, incluyendo la entrega de estimaciones o pronósticos, análisis de impacto inflacionario, u opciones al proyecto en revisión.

Otra de las entidades es la Oficina de Evaluación Tecnológica, que cumple con una tarea de asesoría al informar al parlamentario sobre implicaciones científicas y tecnológicas de proyectos en discusión.

Conviene establecer una asesoría técnica independiente en el Poder Legislativo, especialmente para apoyar las discusiones de comisiones o comités parlamentarios. Es también conducente a este fin la consolidación de un mercado externo de capacidad de análisis de políticas, compuesto por oferentes públicos y privados. Las instituciones académicas formales y diversos tipos de organizaciones no gubernamentales son importantes fuentes de análisis alternativos de políticas[103]. Desde otro punto de vista, se ha señalado el peligro de politizar y degradar los esfuerzos investigativos como resultado de su cercanía al poder[104].

Fuente: Banco Interamericano de Desarrollo (BID), "Elementos para la modernización del Estado", Washington D.C., Grupo de Trabajo para la Modernización del Estado, julio de 1994.

Los parlamentos requieren elevar sus niveles de eficacia legislativa, de fiscalización y de repre-

103. Paul, Samuel, D. Steedman y F. Sutton (1989): "Building Capability for Policy Analysis", serie *Documentos de trabajo*, Nº 220, Banco Mundial, Washington, D.C., julio.

104. Beam, David (1996): "If public ideas are so important, why are policy analysts so depressed?", *Journal of Policy Analysis and Management*, op.cit.

sentación. Para tales fines, resultan funcionales la modernización y el fortalecimiento institucional a través de diversos medios:

- profesionalización de los aspectos administrativos del Parlamento
- instalación de sistemas de información, documentación y referencia legislativa; conviene asegurar la conexión del Congreso con redes informáticas, bibliotecas y centros especializados
- diseño y puesta en marcha de canales de comunicación que favorezcan la participación ciudadana en la discusión de las leyes
- fortalecimiento de los sistemas de asesoría y apoyo técnico del trabajo parlamentario y
- transparencia[105].

105. Banco Interamericano de Desarrollo (BID) (1994): "Modernización del Estado", Grupo de Trabajo para la Modernización del Estado, Washington, D.C., 15 de abril.

III. GESTIÓN DE LAS POLÍTICAS

La sabiduría equivale a buscar los mejores
fines a través de los mejores medios.
Francis Hutcheson

El siguiente momento analítico de las políticas públicas corresponde a la gestión propiamente tal. Este es un tema muy vasto, del que interesa analizar aquí cómo gestionar las políticas para darles más fluidez.

La gestión es un tema transversal, ya que existen factores generales que determinan su calidad, tales como su transparencia, flexibilidad, descentralización, especialización, separación entre instancias decisorias ejecutoras y evaluadoras.

Desde otro punto de vista las transacciones que constituyen la actividad de las distintas reparticiones del sector suelen ser de distinta naturaleza, lo que exige algunas modalidades de gestión diferentes. De allí que los cambios en los modelos de gestión sean un proceso heterogéneo al interior del sector público[106].

---

106. Rubilar, Gabriela (2001), "Observaciones a una "Introducción a las políticas públicas", Departamento de Ingeniería Industrial, Universidad de Chile.

1. Gestión pública y privada[107]

La gestión pública y la privada no son idénticas. La diferencia de fines entre el sector público y el privado conlleva diferencias de gestión. El marco en el que se desenvuelve la gestión pública difiere del de la gestión privada. Los principios más importantes a este respecto son los de:

- responsabilidad política
- transparencia
- ecuanimidad
- disciplina fiscal.

La reforma de la gestión pública del Estado debe fortalecer, antes que debilitar, estos principios. De allí que la gestión pública requiere de criterios, prioridades e instrumentos propios.

Una de las diferencias principales entre la gestión pública y la privada es que las instituciones públicas generalmente no efectúan transacciones a través del mercado, sino que prestan servicios a menudo en forma gratuita al público.

Esto significa, por un lado, que dichos servicios no tienen una expresión monetaria que se aproxime a su valoración por el receptor y, por otro, que

107. Marcel, Mario (1994): "Modernización del Estado y gestión de recursos en el sector público en Chile", *Revista Chilena de administración pública*, Nº 1, julio.

su prestación y el funcionamiento de los organismos públicos que los administran debe financiarse con transferencias desde el nivel central. Ello determina que en la mayoría de los casos la vinculación entre producto y financiamiento es indirecta, no existe una expresión simple y directa, equivalente a la línea final del balance, que refleje los resultados de la gestión de dichos organismos, y la disciplina financiera es impuesta por agentes o mecanismos internos del Estado, en lugar de los usuarios o "clientes" de los servicios públicos[108].

En el caso del sector público, la falta de una restricción externa una vez superado cierto volumen de operaciones, cierto nivel de costos, o determinadas complejidades, es una seria debilidad de sus organizaciones en el sector público. En ellas, no se reconocen límites a las economías de escala, lo que las hace vulnerables[109].

Lo anterior determina que, en ausencia de mecanismos que explícitamente introduzcan procedimientos estructurados de evaluación de desempeño y que liguen los resultados de dicha evaluación al proceso de asignación de recursos, simplemente

---

108. CEPAL, Pacto Fiscal, *op. cit.*
109. Williamson, Oliver (1993): *Las instituciones económicas del capitalismo*, Fondo de Cultura Económica, México.

no existen al interior del sector público incentivos económicos a un desempeño eficiente.

Desde otro punto de vista, muchos aspectos del accionar público son de carácter intangible, simbólico o puramente conceptual, por lo que no se prestan a medición. Además, el sector público debe coordinar e intermediar complejos equilibrios entre objetivos (tales como la eficiencia, la equidad, la estabilidad y el crecimiento) e intereses (de los pobres e indigentes, los contribuyentes, los empleados públicos, los asalariados, los usuarios del sistema de salud, entre otros), que compiten por los escasos recursos.

Al incorporar modelos de gestión provenientes del sector privado conviene tener presente la necesidad de evitar su aplicación de manera mecánica, tomando en cuenta lo anterior.

2. ASPECTOS PRESUPUESTARIOS Y FINANCIEROS[110]

> *Nadie se acordaría del buen*
> *samaritano si él sólo hubiera tenido*
> *buenas intenciones.*
> Margaret Thatcher, 1986

a) Productividad del gasto público

La obtención de los objetivos de las políticas públicas se verá facilitada por un aumento en la productividad del gasto público, cualquiera sea su nivel: con ello no se busca atacar el gasto público, sino el mejor cumplimiento posible de los acuerdos programáticos y las políticas públicas que dieron origen a tal gasto.

Para ello debe satisfacerse dos condiciones; eficiencia en función de los costos y combinación óptima de productos a niveles sostenibles de gasto agregado. La primera conlleva el diseño y la ejecución de programas o proyectos de gasto público para generar niveles dados de producto o lograr objetivos específicos a un costo mínimo. La combinación óptima de productos por su parte, implica que los beneficios sociales derivados de

---

110. Véase de Lahera, Eugenio (1998), "El Pacto Fiscal de América Latina. Una propuesta desde la Cepal", *Comercio Exterior*, México, D.F.

los programas de gasto público deberían igualarse en términos marginales[111].

Las ganancias en la eficiencia y la eficacia del gasto público permite reducir los gastos improductivos o la porción improductiva de éste. Estos corresponden a la diferencia entre el gasto actual en un programa y el menor gasto que produciría los mismos beneficios con la máxima efectividad de costos. El efecto público sería un incremento de los recursos disponibles para inversión pública, programas sociales o la reducción de déficit adicionales[112].

b) ¿Cómo mejorar la gestión del gasto público? Tres enfoques

- Según el enfoque más tradicional, tal mejora debe ser impulsada de modo centralizado, por una oficina especializada.
- En un segundo enfoque se considera que un tema esencial es el establecimiento de un vínculo progresivo e irreversible entre financiamiento y resultados, para que la asignación de recur-

111. Kopits, George y J. Craig (1995): "Unproductive Public Expenditures. A Pragmatic Approach to Policy Analysis", Fondo Monetario Internacional, *Pamphlet Series* Nº 48, Washington.

112. FMI (1995), "Unproductive public expenditure: A pragmatic approach to policy analysis", Pamphlet Series Nº 48, Washington D.C.

sos incentive un mejor desempeño. Para ello conviene desarrollar una relación de carácter más contractual entre la autoridad financiera y los servicios públicos. A su vez, son requisitos de esta relación el mejorar los sistemas de información sobre gestión y el aumento de la flexibilidad en el manejo de sus recursos por los servicios. Esta vinculación ha sido un factor de éxito en diversos programas de reforma. Es el caso de la del Estado en Nueva Zelanda[113], de la reforma del servicio civil en Japón[114], y de los Convenios de Desempeño con las empresas estatales de Sao Paulo, en Brasil[115].

• En cambio, en la experiencia de diversos países de la OCDE, el papel de control y seguimiento por parte de la oficina de presupuesto parece

113. Scott, Graham (1995): "Strengthening government capacity to manage human resources: the New Zealand experience", Civil Service Reform in Latin America and the Caribbean, Shaid Chaudhry, Gary Reid y Waleed Malik (compiladores), *World Bank Technical Paper*, Nº 259, Washington, D.C., Banco Mundial

114. J. Pempel (1995): "Civil service reform in Japan", Civil Service Reform in Latin America and the Caribbean, Shaid Chaudhry, Gary Reid y Waleed Malik (compiladores), *World Bank Technical Paper*, Nº 259, Washington, D.C., Banco Mundial.

115. De André, Maristela (1995), "Contratos de gestao. Contradiçoes e caminhos da administraçao pública", *Revista de administraçao de empresas*, Sâo Paulo, Vol. 35, Nº 3, mayo junio, 1995.

crecientemente incompatible con la reforma de la gestión pública. Esto, porque uno de los componentes de esta última es la mayor flexibilidad en el uso de los recursos entregada a las agencias que realizan el gasto, en un marco de mayor transparencia y mejor rendición de cuentas que las responsabiliza por sus resultados. En el mediano plazo, la reforma de la gestión pública debe ser confiada a los ejecutivos más que a los diseñadores de política[116].

La puesta en práctica de la flexibilidad con responsabilidad en el gasto requiere el reforzamiento o la reforma de diversos aspectos institucionales de la gestión del gasto público: planes estratégicos y operacionales, objetivos y evaluación de desempeño, contratos para desempeño personal y organizaciones, la separación del diseño de políticas y de la provisión del servicio, nuevas medidas contables, uso más activo de las auditorías y evaluaciones, así como incentivos y sanciones financieras[117].

Un resultado que se debe evitar es la consolidación de agencias autónomas que configuren áreas de gobierno en la sombra, de baja transparencia o

116. OECD (1998): "The Changing Role of the Central Budget Office", OECD-GD/97/109, París.
117. OECD (1997): "Modern Budgeting", París.

más allá de canales adecuados de control. Del mismo modo la dependencia de transacciones con terceras partes podría llevar a filtraciones generadas en situaciones de azar moral, y la excesiva dependencia de contratos podría llevar a situaciones de colusión y corrupción[118].

Algunos países, como el Reino Unido, otorgan un amplio espacio para la gestión de los ministerios y agencias, con marcos presupuestarios amplios y facultades de reasignación de recursos. Esta flexibilidad se combina con un sistema de control ex-post. En otros, como en Alemania y Estados Unidos, existe una mayor rigidez institucional y cualquier modificación presupuestaria requiere de aprobación legislativa. Un elemento adicional de flexibilidad es la existencia de reservas para enfrentar emergencias; su uso, sin embargo, está frecuentemente condicionado a la decisión de la autoridad financiera y/o a la ocurrencia de determinadas contingencias económicas[119].

Las tendencias actuales a la mayor discrecionalidad de los directores de servicio, plantean nuevos papeles a la Oficina de Presupuesto. Habitual-

118. FMI (1996): "Issues and New Directions in Public Expenditures Management", IMF *Working Papers*, WP/96/123, Washington, noviembre.

119. Marcel, Mario (1997): "Los caminos de la gobernabilidad fiscal en América Latina. Reflexiones a partir de la experiencia chilena", manuscrito, Banco Interamericano de Desarrollo.

mente ella ha operado como comando central y puesto de control, especificando los ítems de gasto, monitoreando el cumplimiento de las regulaciones, asegurando que los insumos son los establecidos en el presupuesto e interviniendo según se considerara apropiado.

En el período de transición la Oficina de Presupuesto ha perdido sus controles ex-ante de los costos y ahora encabeza los esfuerzos por mejorar la gestión. Tiene un papel mayor en el diseño de nuevos arreglos institucionales, la integración de los procesos presupuestarios y de gestión, en impulsar a los servicios y entidades públicas a medir su desempeño y evaluar resultados, desarrollar nuevas orientaciones y métodos para precisar la responsabilidad de los directivos, y la instalación de nuevos sistemas de información. Sin embargo, existe un límite en esta dirección, si se quiere evitar establecer otro tipo de direccionamiento por la Oficina de Presupuesto: en el largo plazo las innovaciones de gestión deben ser confiadas a los ejecutivos y no a los hacedores de políticas.

Lo anterior tiene efectos respecto de las tres tareas básicas de la Oficina de Presupuesto:

- *Mantención de la disciplina fiscal*. Su forma ha cambiado. Es probable que el principal instrumento en este sentido sea el desarrollo y la puesta en práctica de un marco de estabilización de mediano plazo. Dicho marco incluye proyecciones, normas y medios de asegurar su cumplimiento. El control del aumento de las transferencias y otros gastos mandatados es también una tarea de este tipo, a través de reglas que son gatilladas si estos programas exceden determinados límites presupuestarios.

- *Eficiencia agregada*. Las Oficinas de Presupuesto se empiezan a alejar de los sistemas centralizados de asignación de recursos. La iniciativa sobre la propuesta de cambios en política tiende a ser traspasada a los servicios, los que plantean intercambios entre sus programas dentro de las restricciones presupuestarias. Este intercambio se convierte en la principal decisión presupuestaria.

- *Eficiencia técnica*. Las Oficinas de Presupuesto dedicarán recursos considerables a hacer posible la medición de las ganancias de productividad. Ello puede requerir una revisión de los sistemas de contabilidad y de medición, sanciones más fuertes e incentivos para el desempeño, mayores demandas sobre los ejecutivos para que actúen como agentes de cambio en sus organizaciones, nuevos medios contractuales de especificar y monitorear resultados[120].

---

120. PUMA (1997), "The Changing Role of the Central Budget Office", OECD/GD(97)109, París.

Desde otro punto de vista, al existir una mayor discreción en la gestión de ministerios y agencias, es necesario considerar un conjunto de temas emergentes, para evitar la generación de operaciones en la sombra que excedan la responsabilidad:

- aspectos operacionales de la formulación de políticas, pagos a terceras partes e implementación de contratos
- convenios de desempeño, información detallada de costos y potenciamiento del marco de responsabilidad
- inversiones para desarrollar sistemas de información que faciliten el monitoreo regular y el análisis de desarrollos[121].

c) La institucionalidad fiscal

Una adecuada institucionalidad fiscal es parte importante de la institucionalidad democrática, ya que ella permite compatibilizar equilibrio macroeconómico y crecimiento, garantiza el uso de los recursos conforme al acuerdo social expresado en las políticas del gobierno, y mejora la gestión

---

121. A. Premchand (1996): "Issues and New Directions in Public Expenditures Management", IMF *Working Paper*, WP/96/123, noviembre.

fiscal, al establecer incentivos adecuados y métodos de control y evaluación.

Para ello las instituciones fiscales deben tener en cuenta a todos los actores sociales que corresponde: Poder Ejecutivo nacional, gobiernos subnacionales, entidades públicas autónomas, el Parlamento, los organismos de control y la sociedad civil, dando apoyo técnico a los actores más débiles del proceso presupuestario.

Esta matriz de agentes y objetivos debe ser examinada en más detalle, especialmente su dinámica, tipos de conflicto y modalidades de resolución, en sus facetas analíticas de diseño, gestión y evaluación de la política fiscal[122].

Entre los temas a ser considerados se encuentran: la coordinación de representantes políticos y funcionarios gubernamentales, que puede inducir una sobreutilización de los recursos comunes, disipación de ingresos extraordinarios o postergación de los ajustes requeridos; la credibilidad de las decisiones económicas, especialmente cuando pueda plantearse una inconsistencia dinámica; y los problemas de agencia, especialmente cuando los políticos y funcionarios encuentran incentivos para actuar según sus propios intereses, más

---

122. Ocampo, José Antonio (1998): *Objetivos y agentes del proceso presupuestario*, Cepal.

que según los del principal, quien diseñó el Pacto Fiscal[123].

La autonomía del Banco Central debe ser específicamente considerada. La evidencia académica al respecto indica que los bancos centrales independientes típicamente producen niveles de inflación menores que sus contrapartes no autónomas, pero también contribuyen menos al crecimiento en largo plazo[124].

En definitiva en este terreno, las instituciones que se desarrollen deben permitir la participación de todos los actores y tratar de influir en las normas y prácticas informales. Ello implica, en primer término, fortalecer las instancias del Poder Ejecutivo encargadas de velar por la coherencia entre la distribución de recursos fiscales y los programas de gobierno, e instaurar prácticas que contribuyan al buen manejo de los recursos. Implica, en segundo lugar, dar más apoyo técnico a los actores más débiles del proceso presupuestario: los gobiernos subnacionales, los parlamentos y la sociedad civil. Indica, por último, que no sólo se

123. BID (1997): "América Latina tras una década de reformas. Progreso económico y social en América Latina". *Informe 1997*, Washington.

124. Sobre este tema véase Mas, Ignacio (1994): "Central Bank Independence. A Critical View", Banco Mundial, *Policy Research Working Paper*, N° 1356, septiembre.

debe prestar atención a las instituciones formales sino también al mundo de las reglas y prácticas informales, ámbito en el que el debate público y la generación de consensos democráticos son insustituibles.

Por otra parte, es oportuno proyectar un presupuesto plurianual con un programa financiero. También evitar vincular las transferencias de recursos con la recaudación, de modo de aplanar sus efectos procíclicos[125].

d) Gestión financiera

Algunos principios básicos del sistema de gestión presupuestaria son los siguientes:[126]

- Disciplina fiscal para imponer límites del gasto público y regular las fuentes de financiamiento fiscal.
- Carácter incluyente. Debe existir una centralización normativa y de procedimiento que abarque a todos los organismos públicos relevantes de manera de asegurar la gobernabilidad fiscal. No debe permitirse la generación de déficits cuasi-fiscales no esperados.

125. López-Murphy, Ricardo "Descentralización fiscal y política macroeconómica", Serie *Política Fiscal* N° 87, Cepal.
126. Vial, Joaquín (1993): "Administración del sistema de gestión presupuestaria", documento interno, Ministerio de Hacienda, Santiago de Chile.

- Flexibilidad. Debe haber instrumentos que permitan ajustar el ritmo de la implementación presupuestaria sin que por esto se desvirtúen los orientaciones fundamentales aprobadas por el Congreso.
- Centralización de la autoridad fiscal. Dicha autoridad es la responsable de la administración de las finanzas públicas, por lo que los montos de gastos deben tener niveles máximos, ajustables de acuerdo a la realidad macroeconómica.
- Transparencia de la gestión. La ejecución financiera de las políticas públicas debe ser lo más transparente posible, de modo que pueda ser evaluada oportunamente. Para ello deben establecerse algunas reglas mínimas, simples y que produzcan indicadores significativos. Debería incentivarse la presentación de informes anuales de lo realizado por las diversas instituciones públicas.

Resulta necesario robustecer las capacidades técnico financieras de los ministerios y servicios, una de ellas es el establecimiento de una posición similar a la de un gerente general, cuyas características operativas le permitan coordinar los diferentes proyectos, y a la vez, gestionarlos con las demás autoridades e instituciones, sean éstas internas o externas. Se trataría de un Director General Técnico Financiero, cuyas potestades deberían ser semejantes a las de un jefe de servicio con plena capacidad jurídica. Su ubicación jerárquica sería inmediatamente debajo del nivel superior del ministerio[127].

También es interesante analizar el establecimiento de una gerencia de proyectos, cuando ello corresponda a las necesidades de la entidad pública de que se trate.

Conviene establecer o institucionalizar mecanismos tales como los cobros diferenciados a los usuarios, con subsidios no endosables para el acceso a servicios o valores de bienes ofrecidos de modo competitivo; la recuperación de los costos intragobierno, y los fondos concursables.

El costeo por actividad permite visualizar el gasto basándose en la unidad que lo origina, las tareas o actividades que se ejecutan. De dicho costeo se puede desprender también la gestión basada en sus indicadores, sea para reducir costos o precisar los requerimientos de productos y servicios.

En Chile, el Sistema de Información para la Gestión Financiera del Estado (SIGFE) está dirigido

127. Secretaría General de la Presidencia de Chile (1991): "Propuesta. Director General Técnico Financiero", Santiago, diciembre.

a mejorar la oportunidad y calidad de la información para la formulación presupuestaria anual, la ejecución en cada una de sus fases, la contabilidad, la tesorería y la administración de caja y el control de los resultados presupuestarios, entregando información relevante en forma oportuna de acuerdo a la demanda de los distintos actores involucrados en la administración de los recursos financieros del Estado.

e) Aspectos financieros de la descentralización

El proceso de la descentralización se sustenta fundamentalmente en la participación en las transferencias, pero este proceso es más acentuado en el caso de los gastos que en el de los ingresos. Ello crea una brecha, a veces difusa entre la desconcentración de la administración pública y la descentralización fiscal[128].

Un alto grado de dependencia financiera respecto del nivel central quita mayores posibilidades de sustentabilidad a los procesos de descentralización. Es necesario respetar el principio de la responsabilidad fiscal, ya que la autonomía

128. CEPAL (1996): "Descentralización fiscal en América Latina. Balance y principales desafíos", Serie *Política Fiscal*, CEPAL.

implica capitalizar o asumir los resultados de la conducta propia; así como el de coordinación fiscal, ya que la autonomía no implica extraterritorialidad: las políticas tributarias y de endeudamiento deben poderse coordinar, tanto espacial como temporalmente[129].

Ellos requieren un marco normativo que resuma los criterios sobre los cuales se establecen los vínculos entre los distintos niveles de gobierno. Esas normas deben tener alta previsibilidad. Es imprescindible contar con un texto ordenado sobre las obligaciones y tareas de los distintos niveles de gobierno, en materia de gastos y esencialmente de competencias en reglamentaciones.

Por otra parte, es indispensable clarificar la jerarquía de las normas. A nivel constitucional conviene fijar principios de carácter general para el tratamiento de las relaciones entre los distintos niveles de gobierno. Las leyes que regulan las relaciones de los distintos niveles de gobierno deberían utilizar datos de tipo censal o de otra fuente que por su naturaleza no sean susceptibles de manipulación por parte de los sectores. El margen de discrecionalidad debe quedar reservado

129. BID (1994): "Progreso económico y social en América Latina". *Informe 1994*. Tema especial: descentralización fiscal, Washington, D.C., octubre.

para catástrofes o episodios imprevisibles. En suma se trata de establecer reglas del juego que limiten las demandas permanentes para atender dificultades normales y previsibles de cualquier jurisdicción[130].

Para evitar problemas de orden macroeconómico y ordenar el sector público descentralizado, es indispensable controlar el endeudamiento. Debería mantenerse la prohibición de endeudarse, incluso por la vía de hipotecas del patrimonio propio del municipio. Es conveniente regular la deuda pública y los regímenes de contratación de la misma a los distintos niveles del gobierno, con topes precisos. También es conveniente que se prohíba el endeudamiento con el sistema financiero. Si bien ello limita la optimización intertemporal de recursos, debe evitarse que los municipios tengan incentivos para endeudarse, dado que cuentan con un aval del gobierno general[131].

Especial atención debe merecer la descentralización presupuestaria, de modo de evitar los desequilibrios financieros locales. Para lograrlo, se

130. López M., Ricardo (1994): "Sugerencias de política", La descentralización fiscal: la búsqueda de equidad y eficiencia, Banco Interamericano de Desarrollo.

131. Costa, Rosanna (1996): "Financiamento Municipal y Regional", Serie *Opinión Económica*, Nº 75, Instituto Libertad y Desarrollo, Santiago de Chile, mayo.

debe incorporar al municipio los recursos que financian programas específicos de alcance local; agilizar los procedimientos de cobro y hacer más eficiente o externalizar la recaudación; otorgar mayor transparencia al Fondo Común Municipal allí donde este mecanismo exista y licitar la cartera de morosos municipales, entre otras medidas.

El fortalecimiento de las finanzas locales puede requerir varias líneas de acción:[132]

- Mejoramiento de la capacidad administrativa y técnica de las localidades; fortalecimiento de los sistemas de información fiscal y socioeconómica a nivel municipal para fines de seguimiento y evaluación.

- Cierta flexibilidad del sistema impositivo, que permita a los gobiernos locales tener autoridad para fijar sus propias tasas de impuestos y determinar los cobros a los usuarios. Complementariamente, es recomendable flexibilizar los gastos, de modo de responsabilizar cada vez más al gobierno local en la definición y ejecución de los programas prioritarios de inversión local.

132. Aghón, Gabriel: "El financiamiento municipal: principales desafíos y algunas opciones", Desafíos para el fortalecimiento municipal, José Antonio Ábalos y otros (1994), *Documento de trabajo*, Nº 38/94, Santiago de Chile, Corporación de Promoción Universitaria, diciembre.

- El impuesto inmobiliario puede organizarse a nivel municipal, por su conocimiento y proximidad al bien. Ello requiere la uniformidad de los criterios de valoración e información catastral.
- Conviene plantear nuevas fuentes de ingresos a nivel local, tal como los llamados cobros a usuarios y contribuciones especiales por beneficios específicos relacionados con el desarrollo urbano, contribuyendo así a su autofinanciamiento.
- En cuanto a las transferencias intergubernamentales, conviene que el diseño sea simple y transparente, en vez de introducir sofisticados criterios para su asignación. Dichas transferencias deben ser complementarias al esfuerzo recaudador municipal y servir para la promoción de una gestión eficiente, responsable y autónoma.
- Respecto del endeudamiento municipal, debe haber una clara percepción de los beneficios o rentabilidad de las inversiones y su respectiva recuperación.

La asignación automática de cierto porcentaje del presupuesto nacional a las municipalidades, la cual ya se practica en varios países, constituye un paso hacia el fortalecimiento de su autonomía financiera. Otra alternativa de financiamiento que evita algunos de los problemas señalados es la de avanzar hacia la uniformidad de los impuestos en todo el país y proceder a su división en base a una fórmula preestablecida[133].

En cuanto a los Fondos Nacionales de Desarrollo Regional, orientados al logro de un desarrollo regional armónico y equitativo, a partir de un elemento de compensación socio-económica y territorial, una parte de sus recursos podría ser asignado a las regiones como estímulo a la eficiencia[134].

Los fondos de recursos regionales deben ser asignados a las regiones sobre la base de dos criterios: un fondo social con fines redistributivos, los cuales se adjudican de acuerdo a prioridades presupuestarias de orden nacional, y un segundo fondo para usos determinados de acuerdo a presentación de proyectos municipales o regionales según rentabilidad social ex ante, cofinanciamiento, rentabilidad social ex-post de los últimos

133. Rivlin, Alice M. (1991): "Strengthening the economy by rethinking the role of federal and state governments", *The Journal of Economic Perspectives*, Vol. 5, Nº 2, Nashville, Tennessee. American Economic Association.
134. Chile, Subsecretaría de Desarrollo Regional, Fondo Nacional de Desarrollo Regional, (1996), "Distribución provisional de eficiencia", Santiago de Chile.

proyectos financiados con dicho fondo[135]. Es conveniente establecer algún criterio de evaluación, por ejemplo, para distribuir de conformidad con éste parte de determinados fondos de distribución regional. Algunos indicadores utilizables son: la asignación en comunas pobres o en preinversión, la cartera de proyectos recomendados técnicamente y su relación con el marco presupuestario inicial[136].

En Colombia existen varios fondos de cofinanciación —entre el nivel central y el regional— para programas y proyectos en materia social. De este modo, los ministerios definen directrices y orientaciones básicas, pero se desvinculan de la ejecución misma de los programas y proyectos, los que deben ser asumidos por la respectiva entidad territorial[137].

Un instrumento útil en este terreno son los Convenios de Programación, que corresponden a acuerdos formales entre uno o más gobiernos regionales y uno o más ministerios, en los que se definen acciones relacionadas con proyectos de inversión a realizarse dentro de un plazo determinado.

135. Costa, Rosanna (1996): "Financiamento Municipal y Regional", Serie *Opinión Económica*, Nº 75, Instituto Libertad y Desarrollo, Santiago de Chile, mayo.

136. Chile, Subsecretaría de Desarrollo Regional, 1996, *op. cit.*

137. Moncayo, Víctor Manuel (1993): "La cofinanciación en materia social", *Política colombiana*, Santafé de Bogotá, enero.

Otro instrumento corresponde a programas de inversión sectorial de asignación regional y cuya distribución entre regiones responde a criterios de equidad y eficiencia y cuyos efectos económicos directos se concentren principalmente en ella.

En Francia existen los "Contratos de Plan", entre el Estado y una región, convenidos por cinco años alrededor de objetivos comunes. Cada participante se compromete a aportar los financiamientos necesarios para su realización[138].

En el Reino Unido existe desde 1993 un presupuesto "de regeneración" administrado por los gobiernos regionales y cuyos fondos se asignan de modo competitivo entre proyectos estratégicos, comprensivos de desarrollo para un área integrada[139].

f) Transparencia del gasto público

Ella incluye la apertura al público con respecto a la estructura y las funciones del gobierno, las intenciones en materia de política fiscal y la contabilidad del sector público. Corresponde entregar

138. Debe recordarse que las regiones en Francia constituyen una "colectividad territorial" distinta al poder público desconcentrado.

139. Hausner, Victor (1993): "Step in the right direction of renewal", *The Financial Times*, 5 de noviembre.

información actualizada y pertinente sobre la gestión del sector fiscal y lo mismo deben hacer las empresas públicas. La contabilidad de los agentes públicos debería ser oportuna y auditada externamente. Es conveniente que exista una norma general sobre la necesidad de los entes públicos de informar sobre su desempeño en relación a los estándares u objetivos preestablecidos. También corresponde establecer su revisión por entidades externas o, en algunos casos, mediante verificaciones independientes.

La relevancia pública de esta tarea es incuestionable, ya que de ella depende no sólo el control macroeconómico, sino la eficacia y eficiencia de la acción pública. Es, por lo tanto, un tributo al fortalecimiento de valores democráticos que exige la presentación a la comunidad de cuentas específicas, transparentes y oportunas del quehacer del Estado.

Las cuentas fiscales deben abarcar no sólo el ámbito de las acciones fiscales sino también de las cuasifiscales, y no sólo las cuentas de resultados sino también la hoja de balance del sector público (activos, pasivos, patrimonio neto). Debería apuntarse a reducir las operaciones extrapresupuestarias y los déficit cuasifiscales[140].

140. International Monetary Fund (1998): "Transparency in Government Operations", *Occasional Papers*, Nº 158, Washington.

Algunas de las prácticas cuasifiscales más desta-
cadas son las operaciones de salvamento en casos
de crisis cambiarias y el otorgamiento de garantías
a inversionistas privados. Igualmente importantes
son los gastos tributarios y las regulaciones obligatorias. Los primeros corresponden a gastos que
realiza el sector privado y que generan distintos
beneficios tributarios: exenciones, tasas preferenciales, deducciones y prórrogas de pagos. Por ser
financiados con cargo a las obligaciones tributarias, constituyen subsidios o gastos públicos
indirectos. Las regulaciones obligatorias consis-
ten en la sustitución de un gasto público por la
obligación legal que se impone a agentes privados de proveer o financiar directamente la oferta
de algún bien o servicio, por lo general una protección social a los trabajadores o una intervención
ambiental. A diferencia del gasto tributario, en este
caso se impone un gravamen adicional al agente
privado, con cargo al cual realiza el gasto estipulado por ley[141].

141. Como señala Tanzi, Vito (1995): "A menudo los gobiernos que no pueden aumentar la recaudación tributaria a
un nivel deseado no disminuyen su papel en la economía sino
que, en cambio, ellos tratan de desarrollar tal papel mediante
instrumentos no fiscales...principalmente, pero no exclusivamente, mediante actividades y regulaciones, cuasifiscales", en
"Government Role and the Efficiency of Policy Instruments",
IMF, *Working Paper*, 95/100.

Para realizar la transparencia de las finanzas públicas, es deseable ir reduciendo el alcance de las prácticas cuasifiscales e incluyéndolas en el presupuesto público. Eso permitiría un mayor control macroeconómico, un adecuado análisis de los efectos sectoriales y distributivos de la política fiscal, un buen control democrático y, en fin, el tener una visión global de los costos de las múltiples actividades desarrolladas por el Estado y de los recursos necesarios para financiarlas.

Recuadro Nº 11
Criterios de transparencia fiscal

Sus criterios principales en lo referido a la gestión fiscal incluyen lo siguiente:

- La gestión de las finanzas públicas debe basarse en leyes y normas de carácter administrativo de alcance general que regulen las operaciones presupuestarias y extrapresupuestarias. Todo compromiso o gasto de fondos públicos deberá sustentarse en una autorización legal.
- Deberán especificarse los procedimientos de ejecución y control de los gastos aprobados. Para ello corresponde establecer un sistema contable integrado de alcance general, el que deberá permitir una evaluación fiable de los atrasos. Deben establecerse procedimientos uniformes de adquisición y contratación. La ejecución del presupuesto deberá ser sujeta a una auditoría interna y deberá existir la posibilidad de revisión de los procedimientos de dicha auditoría.
- Debe publicarse con puntualidad información completa y fiable sobre las operaciones fiscales. Esta información deberá señalar toda desviación con respecto al presupuesto. Si no se dispone

---

de información detallada sobre los niveles subnacionales de gobierno, deberán presentarse los indicadores disponibles sobre su situación financiera. Por ejemplo, empréstitos bancarios y emisiones de bonos.

Fuente: Fondo Monetario Internacional, "Código de buenas prácticas sobre transparencia fiscal: declaración de principios", FMI Boletín, 4 de mayo 1998.

g) Gasto militar

El gasto público militar se ha analizado poco, principalmente por razones de orden político, las que también limitan el acceso a la información pertinente. Sin embargo, a raíz de diversos acontecimientos, empieza a ser objeto de análisis económico, tanto por los gobiernos como por los organismos multilaterales, sobre todo en lo que se refiere a cuál es su nivel apropiado (¿cuánto es suficiente?) y su costo de oportunidad (¿cuál es su impacto económico directo e indirecto?), así como lo relativo a un sistema de adquisición de armamento que sea eficaz en relación con sus costos (¿cuál es su efecto por unidad monetaria?).

Al igual que ante cualquier otro gasto público, corresponde abrir un debate sobre la eficacia y eficiencia del gasto militar en relación al proceso de desarrollo en general y a su impacto económico en particular.

El gasto militar y policial contribuye a generar defensa y seguridad ciudadana, que son bienes públicos que, según muestra la experiencia, pueden lograrse con niveles muy diferentes del gasto. Por otra parte, la concertación internacional permite evitar aumentos del gasto militar cuyo dinamismo simultáneo no incrementan la seguridad de país alguno[142].

Si bien no existe una respuesta precisa a la pregunta de cómo proveer la cantidad exacta del bien público que es la defensa, su provisión excesiva representa un gasto improductivo. Es difícil justificar la importación de armamento sofisticado, si el equilibrio vecinal o regional se restablece, sólo que a un nivel de gasto más alto.

Por otra parte, el costo de oportunidad del gasto militar es a todas luces elevado, mientras que las externalidades positivas que genera pueden lograrse mediante otro gasto público que lleve a cabo otro servicio, más especializado.

---

142. Lahera, Eugenio y M. Ortúzar (1998): "Gasto militar y desarrollo en América Latina", *Revista de la Cepal*, Nº 65, Santiago de Chile, agosto.

h) Política de inversiones de las empresas públicas

Se debe establecer una política de inversiones para algunos años, adecuada a la planificación estratégica de cada empresa, e independizar este proceso de la discusión presupuestaria anual. Debiera ser política de las empresas públicas financiar su desarrollo utilizando el mercado financiero nacional e internacional, incorporando activa y mayoritariamente el sector privado al financiamiento del crecimiento de ellas, estableciendo sociedades mixtas, coinversiones y otras formas de asociación[143].

Lo anterior exige el compromiso de las empresas de generar una cartera de proyectos que les permita aprovechar las oportunidades existentes. Por otra parte, el Estado debe asegurar a la empresa acceso a financiamiento directo o indirecto para ejecutar las inversiones que cumplen con los requisitos inherentes a cualquier proyecto viable —una rentabilidad superior al costo de oportunidad del capital y coherencia con la estrategia corporativa— y que además aseguren la mantención de competitividad estratégica.

143. Méndez, Enrique (1993): "Empresas públicas: hacia una definición del sector", *Cómo mejorar la gestión pública*, Eugenio Lahera (compilador), Santiago de Chile, (CIEPLAN/FLACSO) Foro 90.

3. Control y fiscalización.
Aspectos judiciales

a) Control

La evaluación legal y administrativa incluyendo los aspectos contables es, en realidad, una modalidad de control que no debe confundirse con la evaluación de resultados.

Para agilizar la aplicación de las políticas, conviene que el control de la legalidad de los actos públicos sea posterior al inicio de su ejecución. Para ello es preciso elevar la capacidad fiscalizadora interna, o contratar capacidad externa; en todo caso, debe superarse la actitud de esperar que las desprolijidades sean arregladas en el camino por un ente externo al que se puede culpar de la demora. De ese modo la responsabilidad pasa al administrador mismo, quien deberá responder por sus acciones ante las autoridades competentes.

La auditoría interna puede estar a cargo de un funcionario que revisa e informa directamente al ministro o jefe de servicio sobre plazos y condiciones de la ejecución presupuestaria, objetivos ministeriales y licitaciones públicas, entre otros.

En el caso del Reino Unido, la proliferación de las agencias replantea el tema del control. Al respecto se ha sugerido establecer el papel controlador del Parlamento, por ejemplo, mediante el fortalecimiento de algunos comités parlamentarios en relación a las diversas agencias. También, la incorporación de éstas a una red de comités interdepartamentales[144].

El control a nivel municipal requiere perfeccionar la participación de la comunidad, mediante diversas vías. Debe entregarse información periódica de una cuenta de gastos, asistencia de los concejales y temas debatidos en los concejos. Debería establecerse la obligación de informar sobre denuncias realizadas y su resultado.

También debe perfeccionarse la fiscalización por el Concejo Municipal, estableciendo un quórum bajo para ello.

La regulación puede ser controlada por organismos relativamente permanentes en la estructura central del gobierno.

La democracia ateniense institucionalizó la *euthuna*, una investigación estandarizada y detallada de la conducta del encargado de un cargo público al final de su período[145].

---

144. Foster, Christopher y F. Plowden (1996): *The State under Stress*, Open University Press, Londres.

145. Hoffmann, Ronald (1995): "Classical democracy and scientific expertise", *American Scientist*, enero/febrero.

b) Fiscalización

Los diversos servicios fiscalizadores deben contar con la necesaria flexibilidad y los medios para aumentar su eficacia frente a la creciente complejidad de la licitación de obras de inversión o de la adjudicación y el seguimiento de proyectos de desarrollo social.

En algunos países, el Poder Legislativo tiene un papel fiscalizador. Este debe ser real y eficaz, sin constituir una carga excesiva que entorpezca la gestión pública.

Pueden existir recursos extrajurisdiccionales, incluyendo los recursos administrativos y los ombudsman[146].

La inspección de los servicios públicos debe ser independiente de los servicios inspeccionados. La fiscalización de diversas regulaciones puede ser transferida al sector privado, tanto en el sector productor de bienes como el de servicios.

Por otra parte, puede analizarse la creación de una Superintendencia de Municipios, que tenga la capacidad de fiscalizar el funcionamiento municipal y que haga pública la información de los resultados de la gestión municipal.

146. Al respecto véase Legrand, André (1992): "L'Ombudsman parlamentaire suédois 1970-1990. Une originalité persistante", *Revue française d'administration publique*, Nº 64, octubre/diciembre.

c) La reforma del Poder Judicial y las políticas públicas[147]

La calidad del sistema judicial es determinante de la puesta en práctica de las políticas públicas, especialmente cuando no existen instancias de lo contencioso-administrativo.

- El Poder Judicial provee el cumplimiento coercitivo de las políticas públicas. Sin embargo, es necesario evitar la judicialización de dichas políticas.
- Las modalidades de aplicación de las políticas públicas pueden ser modificadas por procesos o fallos judiciales.
- Los niveles de corrupción están condicionados por la calidad del sistema judicial.

Para asegurar que la aplicación de las políticas públicas no se vea distorsionada, conviene establecer, a través de diversos mecanismos, la independencia —política, ideológica, religiosa y de los intereses económicos— del Poder Judicial.

147. Al respecto véase BID (1994 b).

Recuadro N°12
Modernización de los sistemas judiciales

Los principales aspectos de la modernización de los sistemas judiciales son los siguientes:
- la modernización del derecho
- la extensión del acceso a la justicia, ya que en la actualidad los costos de la justicia, así como sus extensos plazos y la corrupción frecuente, lo limitan severamente
- el desarrollo de sistemas alternos de solución de conflictos, tales como la mediación, la conciliación, el arbitraje, los jueces de paz y los defensores del pueblo
- el fortalecimiento de las capacidades administrativas del Poder Judicial y de los tribunales de justicia, ya que, según una investigación, los jueces gastan cerca de 70% de su tiempo en tareas burocráticas sencillas[148]
- el mejoramiento de los sistemas de formación de abogados y jueces y de capacitación judicial y
- el mejoramiento de la infraestructura judicial.

Fuente: BID.

Un factor importante de la responsabilidad del sector público es la responsabilidad legal de las agencias y los funcionarios públicos. Es frecuente que no se puedan realizar demandas civiles contra el Estado y la aplicación del derecho no siempre es completamente independiente del sistema político.

El control de la juridicidad de la gestión administrativa se vería facilitado con la instauración

---

148. En Argentina, Brasil, Chile, Ecuador y Venezuela: Buscaglia, Edgardo (1995): "Stark picture of justice", *Financial Times*, 21 marzo.

de una jurisdicción contencioso-administrativa
ágil y especializada, ante la cual puedan concu-
rrir quienes se sientan injustamente afectados por
decisiones administrativas[149].

4. Recursos humanos

Las políticas públicas cobran vida a través de sus
componentes humanos; éstos son un factor estratégico en cualquier intento de modernización
de su administración[150]. Este es el principal recurso del sector público y su gestión requiere
profesionalización, capacitación, transparencia y
un alto grado de comunicación interna.

De lo anterior se derivan diversas conclusiones en lo referido a la institucionalidad y las políticas de personal y de remuneraciones del sector
público.

a) Gestión directiva

Las más recientes teorías de la organización destacan la significación de las características personales

149. Para el caso de Japón, véase Takizawa, Tadashis (1995):
"Les controles jurisdictionnels et non-jurisdictionnels", *Revue
française d'administration publique*, Nº 73, enero/marzo.

150. Olías de Lima, Blanca (1995): *La gestión de recursos
humanos en las administraciones públicas*, Editorial Complutense,
Madrid.

de los jefes, especialmente su capacidad de liderazgo en el sentido moderno del término: claridad de conducción, capacidad de trabajo en equipo y de delegación de funciones, consideración de las situaciones personales, entre otros.

La militancia política de quienes ocupen los principales cargos en la Administración Pública debería perder importancia. Esto es especialmente cierto para quienes ocupan cargos de jefes de servicio.

En muchos países existen los puestos de confianza exclusiva del Presidente de la República. Sería conveniente terminar con la práctica de pagar favores políticos con ellos, y liberar así una fuente potencialmente importante de flexibilidad y renovación de la administración pública. Es más, dichos puestos podrían ser ocupados por funcionarios designados con criterios de excelencia.

Recuadro Nº 13
Reino Unido: gerencia pública

Los gerentes públicos se rigen por un contrato generalmente indefinido, pero sujeto a revisión cada cierto tiempo. Cuentan con un sistema con mayor flexibilidad en el pago de remuneraciones y respecto de la carrera funcionaria. Un Comité de Remuneraciones, formado en su mayoría por representantes del sector privado, las asigna de acuerdo a evaluaciones de su desempeño.

Los aspectos principales considerados en la evaluación y administración de desempeño han sido la accountability como función explícita y obligatoria de los gerentes públicos, el establecimiento de convenios de desempeño relacionados con el cumplimiento de objetivos organizacionales y metas de gestión, su relación con la aprobación del presupuesto de los servicios y la variación de las rentas de los gerentes públicos, el establecimiento de instrumentos de medición de desempeño y acciones de apoyo y castigo como respuesta al bajo rendimiento.

El reclutamiento de los gerentes públicos puede hacerse internamente (donde en el caso de los servicios más bajos, la responsabilidad recae en los propios servicios); por competencia abierta e informada para los cargos en los tres primeros niveles; y por medio de consultoras, cuando se requiere de una búsqueda más amplia.

La movilidad laboral es importante pues se desea que los gerentes públicos sean altamente flexibles y con gran adaptación al cambio, lo que se logra con un tipo de gerente público "común" más que uno especializado en un tipo específico de servicio público.

Cada gerente tiene que realizar una pasantía en alguna organización privada, que varían dependiendo del tipo de programa que se siga: pasantías que van desde meses hasta un año, entrenamientos comunes, contrataciones part time en el sector público y privado. Para evitar el riesgo de traspaso de información, éstas están reguladas. Los altos ingresos del sector privado sigue siendo un problema para la movilidad laboral.

En cuanto a las reglas de conducta ellas comprenden las relativas a todos los funcionarios públicos además de la prohibición, por 12 meses de trabajar en temas relacionados con el servicio luego de dejar el cargo, obligación de declarar los intereses personales antes de ocupar el cargo, y normas para recibir regalos, añadiendo la accountability ante el Parlamento Británico como una obligación anual o cuando éste lo requiera. Para el caso de los gerentes públicos que se desempeñan como autoridades máximas de servicios, se añade reglas especiales en materia de conflicto de intereses, aprovechamiento del cargo para beneficios secretos, extensión de la declaración de bienes e intereses al grupo familiar, obligatoriedad de asegurar la obtención del mejor valor por el dinero público, entre otros.

Fuente. "Gerencia Pública: elementos para un debate", Documento de trabajo, Comité Interministerial de Modernización de la Gestión Pública, abril 1998.

Es habitual que se relacionen las remuneraciones con el desempeño de los gerentes y los resultados de sus respectivas agencias públicas, permitiendo mejorar la gestión desde los niveles más altos del Estado e involucrar a cuantos se desempeñan en el servicio público. También que se fomente el desarrollo de capacidades, el perfeccionamiento de los gerentes públicos y la adopción de nuevas y modernas formas de trabajo al interior de las organizaciones públicas.

Existen tres modalidades de selección: externalización por medio de una empresa privada; centralización en un organismo de gobierno; y selección por parte del propio servicio.

No existe uniformidad operativa. La tendencia se orienta a profesionalizar los cargos a través del establecimiento de criterios centrales y estándares de selección, postulación por concurso público y procesos formales de selección. En cuanto a la promoción interna, se ha decidido en la mayoría de los casos, que la antigüedad no sea el único elemento determinante en los procesos de selección.

El nombramiento de los gerentes públicos está relacionado con la estructura del Estado. Los mecanismos incluyen la formalización del nombramiento por los ministros del área del puesto a ocupar; nombramiento de los altos cargos por parte del Presidente; por parte de los jefes del servicio civil en aquellos países con sistemas especiales de gerencia pública; y nombramiento por parte de los jefes de servicio.

Por otro lado, conviene contar con perfiles profesionales y personales para cada cargo de gerencia pública. La tendencia es a preferir perfiles con énfasis en habilidades de administración, más que en conocimientos técnicos y muy especializados.

Son pocos los países que tienen sistemas formales de planificación para la sucesión de cargos de gerencia pública. La mayoría no tiene políticas formales en cuanto a la movilidad laboral para la gerencia pública, sin embargo, la tendencia es a incentivarla mediante el aumento de la rotación de profesionales entre servicios o entre el sector público y el privado. En muchos casos existen disposiciones para la contratación de gerentes públicos con fecha límite, con y sin fecha para renovación de contrato. En otros casos los contratos son indefinidos. Muchos sistemas estudiados incluyen disposiciones explícitas en torno a la no renovación de contrato o al término de ellos.

b) *Número de funcionarios públicos. Su reducción*

La determinación el tamaño adecuado del empleo público sólo puede hacerse país por país, tomando en cuenta las funciones asignadas al sector público en tal país, el grado de descentralización, el perfil de habilidades y la situación fiscal.

Al menos conceptualmente, es posible distinguir la reducción del empleo público masivo e innecesario de aquellas redundancias producidas por un proceso de reforma del Estado. Por ejemplo, la participación del empleo público en el empleo total descendió sólo en 3.1% en Nueva Zelanda entre 1986-1990, período de una intensa restructuración del sector público[151].

En cuanto al modo, las reducciones de personal tienden a basarse en la jerarquía y en la antigüedad, afectando de este modo a aquellos que fueron contratados al final. Parece más razonable que dicha reducción tenga alguna justificación que pueda ser discutida de manera precisa, de

151. OECD (1993), "Public Management Profiles, 1992", París.

modo de evitar que los eventuales buenos resultados financieros se conviertan en malos resultados económicos. Lo menos que puede pedirse es que se considere el objetivo final de la respectiva reestructuración y los diversos niveles de productividad de los trabajadores involucrados. Esta no siempre puede medirse de modo directo y no debe aislar la productividad laboral del conjunto de los factores productivos. Por otra parte, existe un juicio negativo respecto de la práctica de favorecer los retiros voluntarios: ellos pueden inducir a los mejores funcionarios a retirarse del sector público[152].

c) Relaciones laborales. Participación interna

La gestión del sector público, así como su reforma, deben hacerse con los trabajadores del sector, y no al margen de ellos o contra ellos. El conocer, compartir y hacer suyos los propósitos y los métodos de las políticas públicas permiten un mejor trabajo de equipo.

Es necesario asentar el reconocimiento de la dignidad de la función pública. Por otra parte, no debe haber concesiones contra el corporativismo

152. Rama, Martín (1997) "Efficient Public Sector Downsizing", *Policy Research Working Paper,* Nº 1840, The World Bank, noviembre.

y su confusión entre fines y medios de la administración y los servicios públicos. Este es favorecido con frecuencia por la naturaleza de monopolio al menos parcial de diversos servicios públicos.

Las comunicaciones internas son muy importantes y su eficacia no está asegurada en organizaciones con los atributos negativos de la verticalidad: ellas siguen la ley de la gravedad y van siempre de lo alto hacia abajo[153]. La relación puramente jerárquica entre jefes y funcionarios puede inhibir la innovación y el compromiso con la función de servicio de la administración pública, generalizar la pasividad y, por ende, desincentivar la búsqueda de eficiencia. Es necesario asegurar las comunicaciones laterales entre funciones diferentes para evitar la creación de baronías. Una forma de asegurar las comunicaciones es una política de puertas abiertas, conforme a la cual a toda comunicación escrita seguirá una investigación hecha por un escalón independiente de la jerarquía de quien realizó la comunicación.

La participación del personal de la administración pública en la determinación de sus con-

153. Maisonrouge, Jacques (1991), "La gestion des ressources humaines dans les grandes organisations privées et publiques", *Revue française d'administration publique*, Nº 59, París, Instituto Internacional de Administración Pública, julio/septiembre.

diciones de empleo es un elemento esencial del funcionamiento de ésta, y aparece considerablemente más limitada en el mundo en desarrollo que en los países desarrollados[154]. En los primeros es frecuente la mantención del principio del unilateralismo en la determinación de las condiciones de empleo; no obstante, cuando los sindicatos del servicio público son fuertes, establecen métodos consensuales, a menudo fuera y a veces al margen de la legislación. Pareciera más conveniente enfrentar el problema y darle solución mediante una normativa adecuada,[155] transitando de un modelo estatutario en el cual el trabajador acepta un estatuto a uno contractualista.

Se ha propuesto la posibilidad de establecer un sistema de negociación descentralizada, de modo de tener un equivalente a la empresa como unidad de negociación y ligar así las remuneraciones a aumentos en productividad[156].

154. Ozaki, Muneto y otros (1998), "Relaciones de trabajo en la administración pública. Países en desarrollo", Ginebra, OIT.

155. OIT (1998), "Los derechos de concertación, negociación y celebración de contratos colectivos en materia de determinación de salarios y condiciones de empleo en los servicios públicos" (JCPS/4), documento interno, Ginebra, Comisión Paritaria del Servicio Público.

156. Bravo, David y R. Paredes (1997), "Negociación colectiva en el sector público: elementos de una propuesta", *Opinión*, Nº 1, Departamento de Economía, Universidad de Chile, abril.

Una cuestión central es la del derecho a huelga de los empleados públicos, el que debería ser regulado con precisión, ya que tal derecho de quien goza de inamovilidad laboral tiene sus propias complejidades. La Organización Internacional del Trabajo (OIT) estima que la prohibición de la huelga debiera limitarse a los servicios cuya interrupción pueda poner en peligro la vida, la seguridad o la salud de la totalidad o una parte de la población. Al respecto el Convenio 151 de la OIT plantea que "la solución de los conflictos que se planteen con motivo de la determinación de las condiciones de empleo se deberá tratar de lograr, de manera apropiada a las condiciones nacionales, por medio de la negociación entre las partes o mediante procedimientos independientes e imparciales, tales como la mediación, la conciliación y el arbitraje, establecidos de modo que inspiren la confianza de los interesados" (Artículo 8).

Las restricciones a la huelga deberían ser compensadas con procedimientos adecuados, imparciales y expeditos, de conciliación y arbitraje, en cuyas diversas fases han de poder intervenir los trabajadores. Las resoluciones deberían ser de cumplimiento obligatorio para ambas partes y ejecutarse plena y prontamente[157].

157. OIT, "Libertad sindical y negociación colectiva", Informe a la LXIX Conferencia Internacional del Trabajo, documento interno, Ginebra, 1983.

Un objetivo importante de los mecanismos de participación debiera ser la conciliación de modo coherente y pacífico de conflictos e intereses de las agrupaciones de trabajadores y la administración. Por otra parte, las excepcionales condiciones de negociación laboral al interior del sector público pueden fomentar la centralización y la politización de los conflictos. De ese modo es previsible la radicalización de las dirigencias laborales, las que deben ser combativas para ser escuchadas.

La consulta es la base de buenas relaciones laborales. Se trata de un proceso conjunto de recolección y provisión de información, así como de obtención de insumos desde aquellos que participarán o se verán envueltos en los cambios anticipados en procedimientos y métodos. Al respecto conviene desarrollar términos de referencia, o reglas de procedimiento; negociar la agenda y el proceso de consulta; establecer objetivos, métodos, marcos temporales e indicadores de desempeño; identificar restricciones y maneras de superarlas; y establecer mecanismos de retroalimentación y comunicación con todos aquellos afectados por la iniciativa de mejoría del servicio[158].

La participación de los trabajadores del sector público puede asumir muchas formas, algunas más

---

158. Treasury Board of Canada (1995), "Guide III, Working with Unions", *Quality Services*, Ottawa, octubre.

estructuradas que otras. Entre ellas se distinguen los círculos de calidad; los comités conjuntos que permiten mantener abiertas líneas de comunicación con los niveles de dirección; los programas de desarrollo profesional de los empleados; los estudios sobre las actitudes y sentimientos de los trabajadores; la evaluación de la dirección por los trabajadores; los premios por innovación, entre otros[159].

Por otra parte, es necesario expresar reconocimiento a aquellos que contribuyen con su comportamiento y sus actividades al éxito de la gestión.

La promoción de las funcionarias en el sector público está condicionada por un compromiso directivo al respecto, la generación de listados de candidatas calificadas y por un enfoque adecuado de las tareas de capacitación[160].

d) Estatuto funcionario. Flexibilidad y diferenciación

En vez de proponer, o aceptar, una creciente e irreal igualdad de situaciones, habría que generalizar sis-

159. Osborne, David y T. Gaebler (1992), *Reinventing Government: How the Entrepreneurial Spirit is Transforming the Public Sector from Schoolhouse to Statehouse*, City Hall to the Pentagon, Addison-Wesley.

160. Bremer, Kamala y D. Howe (1988), "Strategies Used to Advance Women's Careers in the Public Service: Examples from Oregon", *Public Administration Review*, noviembre/diciembre.

temas flexibles que hagan posible las diferencia-ciones necesarias. Ellos incluyen, entre otros, el reclutamiento por oposición; la evaluación que refleje mérito y que sea requisito de promoción o condición de despido; el potenciamiento diferen-ciado de la capacitación funcionaria, contratada con instituciones acreditadas y los bonos de pro-ductividad. También puede considerarse la intro-ducción de muy limitadas asignaciones de res-ponsabilidad.

Una base para ello es el establecimiento de un Sistema de Información y Control para la Admi-nistración de los recursos humanos, que manten-ga en forma relacionada, centralizada y actuali-zada, la información de los funcionarios de la Administración del Estado, permitiendo la incor-poración, modificación y recuperación de los datos desde su origen, en forma instantánea y selectiva, local o remota, fortaleciendo las funcio-nes de toma de razón y registro[161].

Para esto se puede reemplazar el sistema de definición de plantas por ley por un sistema que permita la identificación de cargos en función de las habilidades, conocimientos y experiencia re-queridas para la labor a desempeñar. En todo caso,

161. Ministerio de Hacienda de Chile, Dirección de Pre-supuestos, "'Nuevo Trato' con los funcionarios. Desarrollo de una nueva política de recursos humanos en el sector públi-co", agosto de 2001.

por la creación de regímenes especiales según los sectores y el tipo de calificación del personal.

Conforme a lo anterior, es necesario el reemplazo del sistema de calificaciones por un sistema de evaluación de desempeño ligado al grado de cumplimiento de la misión y los objetivos de las instituciones. La evaluación debe ser realizada a todo nivel, incluyendo niveles de directivos. Los empleados públicos podrían ser responsables por resultados, con las debidas calificaciones para no dar lugar a injusticias.

En cuanto a las reglas de conducta, éstas se relacionan con: restricciones a participar en actividades políticas; declaración de intereses personales; restricción en la aceptación de regalos y beneficios; restricciones laborales a gerentes que dejan el servicio; y mecanismos de protección de los gerentes en caso que sean incentivados a cometer actos ilegales. En algunos países hay restricciones formales para desempeñarse profesionalmente en áreas relacionadas a su campo de ocupación en el sector público luego de dejar su cargo. En otros, no se presentan restricciones específicas, salvo para asegurar que no se utilice el acceso a información privilegiada en actividades privadas. El tratamiento más estricto es el que se refiere a gerentes que han ejercido labores en organismos reguladores.

Recuadro Nº14
Reforma de la gestión de personal

Las opciones de reforma de la gestión de personal incluyen:

- La contractualización de las relaciones laborales. Se privilegian relaciones laborales análogas a las del sector privado, en que el Estado se rige por contratos individuales y/o colectivos, similares al sector privado.
- Modelo de servicio civil en que la relación laboral se rige por normas especiales que regulan el ingreso, promoción y cese. La relación laboral se organiza en base a criterios de mérito y desempeño.
- Reclutamiento a partir de la evaluación continua de las necesidades de personal y con una introducción al trabajo, fomento del contrato a prueba y de un primer filtro vía concursos.
- La selección de ingreso o concursabilidad debería garantizar su transparencia.
- Modalidades contractuales que favorezcan la flexibilidad institucional, respetando el adecuado funcionamiento de los servicios públicos.
- Movilidad horizontal del personal, mediante transferencias o reasignaciones, concursos o la recolocación de trabajadores exsedentarios.
- Promoción en la carrera mediante perfeccionamiento de concursos.
- Fomento de la capacitación.
- Programa de retiro anticipado.
- Política de remuneraciones, aumentar el componente variable ligado a buen desempeño.
- Creación de una oficina de servicio civil que apoye el diseño y gestión descentralizada de las políticas de desarrollo del personal.

Fuente: Ministerio de Hacienda de Chile, Dirección de Presupuestos, "'Nuevo Trato' con los funcionarios. Desarrollo de una nueva política de recursos humanos en el sector público", agosto de 2001.

e) Puestos técnicos claves

Un concepto de interés es el del Puesto Técnico Clave. Sus principales características serían las de ser responsables directos de movimientos de fondos públicos o de su compromiso; de la preparación de planes y programas de gasto público y de la coordinación interinstitucional en los casos de agencias públicas. También la de ser contralores de movimientos de fondos y ejecución de planes y programas.

f) Reclutamiento

Debe considerarse un sistema transparente de reclutamiento por oposición y un sistema de evaluación que refleje el mérito y sea requisito de promoción. Es necesario asegurar el reclutamiento de jóvenes destacados en sus diversas disciplinas, sin que ello atente contra la necesaria diversidad profesional al interior del sector público. Un factor importante es que éste sea pluridisciplinario, lo que puede verse menguado por un reclutamiento excesivamente focalizado en algunas escuelas universitarias[162].

Los sistemas selectivos (el concurso, la oposición o una mezcla de ambos) deberían ser las

162. Boeninger, Edgardo (1993), *op. cit.*

modalidades fijas de ingreso a la administración pública. Un instrumento utilizado en España es el de las Relaciones de Puestos de Trabajo, con descripciones y perfiles de los puestos a ser llenados[163].

Una modalidad interesante es la de sustituir los contratos permanentes por contratos de plazo corto, renovables, en diversas funciones críticas. La contrapartida de la falta de estabilidad podrían ser mejores condiciones salariales y la posibilidad de alcanzar mayores responsabilidades en menor tiempo, sin pasar por una escalera previa, según los casos.

g) Capacitación

Es necesario establecer un programa de capacitación conforme a los requerimientos, actuales y previsibles, funcionales a las políticas públicas en aplicación.

La elaboración de dicho programa debe estar basada en un diagnóstico sobre las competencias requeridas del personal del respectivo servicio,

163. Martín, Ángel (1992), "Objetivos y estrategias de modernización en la administración pública. La formación de directivos para la modernización de la administración pública", Ministerio para las Administraciones Públicas, Madrid.

asegurando que las actividades programadas concuerden con los requerimientos operativos del servicio y faciliten los proyectos de mejoramiento de la gestión. Se debe distinguir esta capacitación de orientación institucional de aquélla libre o voluntaria, ajustando la oferta y la demanda en este plan.

Podría combinarse el potenciamiento de la capacitación funcionaria contratada en instituciones acreditadas con bonos de productividad y una vía rápida de ascenso, así como de despido, en casos calificados.

h) Remuneraciones

Con frecuencia el problema de los sueldos y salarios del sector público es más de estructura que de insuficiencia; cuando es así, es necesario corregir las distorsiones que se presentan en su interior. Para ello debe considerarse la introducción de vías transparentes de incentivos, muy limitadas asignaciones de responsabilidad y la adición de recursos salariales no imponibles a parte del personal destacado en tareas claves. El nuevo principio orientador de las remuneraciones podría ser "a igual desempeño, igual remuneración".

Por otra parte, debe reducirse la distancia que a veces persiste con la remuneración en funciones comparables en el sector privado. La remuneración de los reguladores no puede ser substantivamente inferior a la de los profesionales o ejecutivos de los sectores regulados.

Los beneficios de los pagos por desempeño todavía no han sido demostrados de manera conclusiva en los países industrializados y los requisitos y costos de gestión de tales sistemas pueden ser considerables[164].

El establecimiento de diferencias salariales por desempeño puede favorecer una definición más precisa de las funciones individuales y fortalecer su vínculo con los objetivos más generales[165]. Por otra parte, él representa un elemento de equidad, ya que hoy áreas de diversa productividad reciben los mismos beneficios. Sin embargo, estimar dicha variancia presenta diversos problemas prácticos; entre ellos, la dificultad de definir el buen desempeño y medir el producto marginal de un agente individual, ya que el valor creado por sus esfuerzos a menudo resulta inseparable del creado

164. Nunberg, Barbara (1995), "Managing the Civil Service, Reform Lessons from Advanced Industrialized Countries", *World Bank Discussion Papers*, Washington, D.C., febrero. También PUMA (1997), "Performance Pay Schemes por Public Sector Managers. And Evaluation of the Impacts", *Public Management Occasional Papers*, Nº 15, OECD, París.

165. Maguire, María y R. Wood (1992), "Private pay for public work?", *The OECD Observer*, Nº 175, París, Organización de Cooperación y Desarrollo Económicos (OCDE), abril/mayo.

por otros o atribuible a factores externos. Por otra parte, las actividades de servicio resultan muchas veces difíciles de cuantificar o son medidas a costo de factores. Otro problema previsible es el de la inflación de los resultados del desempeño, la que puede anularse determinando un porción fija de los empleados que obtendrá la bonificación.

También pueden establecerse incentivos por aumentos de la productividad para el conjunto de los funcionarios, condicionados al logro de metas de eficiencia y calidad.

Mediante un Programa de Mejoramiento de la Gestión puede asociarse el cumplimiento de objetivos de gestión en los servicios públicos a un incentivo monetario para sus funcionarios. El cumplimiento de los objetivos de gestión comprometidos en un Programa de Mejoramiento de la Gestión anual dará derecho a los funcionarios del servicio respectivo, por ejemplo, a un incremento de un 3% de sus remuneraciones durante el año siguiente, siempre que la institución haya alcanzado un grado de cumplimiento igual o superior al 90% de los objetivos anuales comprometidos, y de un 1.5% si dicho cumplimiento fuere igual o superior a 75% e inferior a 90%[166].

---

166. Marcel, Mario (2002) "Aspectos macroeconómicos del proyecto de Ley de Presupuesto", Dirección de Presupuesto.

Los contratos a honorarios representan una modalidad de ajuste frente a diversas restricciones del régimen de contratos de planta (dedicación, habilidades, nivel de sueldos). Una precaución importante, sin embargo, es la de no cruzar la línea de las responsabilidades administrativas, de modo que se pierda o debilite el control administrativo de juridicidad y/o la evaluación de resultados. Por otra parte, este tipo de contratos suelen estar sujetos a condiciones privadas, lo que puede representar un problema.

La complementación de contratos de planta y de honorarios plantea problemas de transparencia y eficiencia.

i) Corrupción

Existen muchas definiciones de corrupción. Según el concepto de uso más frecuente, la corrupción es la utilización de potestades públicas para servir intereses particulares. Pero vale la pena darle un poco más de vuelta al asunto.

La palabra corrupción viene del verbo latín *rumpere*, que significa romper. Pero ¿qué es lo que se rompe en los actos corruptos? Existe corrupción cuando intencionalmente no se acata el principio de la independencia de juicio, el de mantener las relaciones "at arm's lenght". Las complicidades personales, familiares, regionales, y religiosas, entre otras, no deberían ser decisivas en las decisiones económicas de los agentes privados o de los funcionarios públicos[167].

Por otra parte, la teoría de la competencia perfecta supone que el principio de la independencia de criterio prevalece en las relaciones entre los agentes económicos. Como es evidente, sólo así puede postularse la eficiencia económica, salvo que se pertenezca a una familia o una comunidad de genios. Pero en el mundo real las relaciones económicas son con frecuencia influidas por relaciones personales de interés, familiares o de otro tipo.

Agreguemos que corresponde a la naturaleza de la transacción corrupta —pública, privada o mixta— el que ambas partes tienen interés en mantenerla en secreto. De allí la importancia de los medios de comunicación al respecto.

Los niveles de corrupción parecieran depender de tres factores fundamentales: el nivel de beneficios públicos a ser distribuidos, el riesgo que envuelven los acuerdos de corrupción, y el poder de negociación de la persona que paga y el que

---

167. Tanzi, Vito (1994), "Corruption, Governmental Activities and Markets", IMF *Working Paper*, WP/94/99, Washington, agosto.

recibe el pago corrupto[168]. La falta de calidad de los organismos reguladores es también significativo.

Para ser efectivas, las reglas anticorrupción deben aplicarse tanto al que paga como al que recibe el pago. Los funcionarios públicos deberían pagar algún múltiplo del dinero recibido, mientras las penalidades de quienes realizaron los pagos deberían estar relacionadas con las utilidades adicionales obtenidas y no sólo con las cifras pagadas.

En la prevención de la corrupción conviene utilizar una combinación de zanahoria (remuneraciones y pensiones adecuadas) y de garrote (penas legales y administrativas). La provisión de incentivos no es suficiente. La corrupción en los niveles altos de la administración debe ser eliminada o contenida, para permitir que dichos incentivos sean más efectivos, pudiendo iniciarse así un círculo virtuoso de disminución de la corrupción[169].

Tanto en el gobierno como en el sector privado convendría establecer un estatuto de protección y

168. Banco Mundial (1996), *Viewpoint*, Nota Nº 75, Washington, D.C., abril.
169. Chand, Sheetal and K. Moene (1997), "Controlling Fiscal Corruption", *IMF Working Paper*, WP/97/100, Washington, agosto.

recompensa para quienes denuncien actos de corrupción.

Un efecto indirecto de la simplificación, estandarización y eliminación de diversas regulaciones es la reducción de influencias indeseables en el proceso político y de la corrupción.

Las medidas posibles para combatir la corrupción incluyen:[170]

- Al acceder al cargo público: declaración de circunstancias personales, actividad y bienes.
- Durante el ejercicio de la actividad: incompatibilidad, deber de abstención, prohibición de ser propietario de empresas o de participar en ellas.
- Al cesar la función pública: el traspaso de agentes públicos a la actividad privada debe ser reglamentado, ya que puede involucrar el uso indebido de información y de contactos originados durante su desempeño público; además de entregarles una mejor oportunidad para ocupar la respectiva posición. Es posible prohibir o inhabilitar de por vida o por tiempo limitado según el cargo que se ocupó y la solicitud privada relacionada o no con aquél a la que sirve.

170. González, Jesús (1996): *La ética en la administración pública*, Editorial Civitas, Madrid.

Recuadro Nº 15
OECD: infraestructura ética para el servicio público

- compromiso político
- marco legal efectivo
- mecanismos eficientes de transparencia y efectividad de la responsabilidad
- códigos de conducta operativos
- mecanismos de socialización profesional incluyendo educación y entrenamiento
- respaldo de adecuadas condiciones en el servicio público
- una entidad coordinadora y
- una sociedad civil interesada y activa sobre el tema.

PUMA (1996), "Managing Government Ethics", *Public Management Occasional Papers*, Nº14 OECD, París.

Una vez que se avance hacia sistemas de gestión basados en resultados, sería inconsistente mantener una infraestructura de control ético centralizada.

5. Aspectos organizativos y de estructura

Los tres principios básicos del control organizacional formulados por Anthony Downs son:

- nadie puede controlar por completo el comportamiento de una organización grande
- entre más crezca una organización más débil será el control de su actividad ejercido por los dirigentes principales

- entre más crezca una organización, más deficiente será la coordinación de sus acciones[171].

a) Reforma y organigrama

Un soporte institucional de las políticas públicas y de la participación del sector público en la estrategia de desarrollo es la administración, conformada por los distintos ministerios y departamentos del gobierno. La administración cumple un papel considerable en la aplicación de las políticas públicas especialmente cuando existe un margen amplio de discrecionalidad administrativa. Por otra parte, la rigidez del aparato administrativo con frecuencia obstaculiza la modificación de las políticas públicas preexistentes o su reemplazo.

El modelo burocrático de las organizaciones fue diseñado en una época en que parecía posible planificar de un modo racional para prácticamente cualquiera circunstancia. Pero esta modalidad no está en sintonía con los cambios organizacionales que inducen las políticas públicas.

Se debería pasar del Estado del procedimiento al Estado de la responsabilidad en la aplicación de las políticas públicas[172].

171. Downs, Anthony (1998): *Political Theory and Public Choice*, Edward Elgar Publishing.
172. Commissariat General du Plan, Rapport de la Commission *Efficacité de l'État*, París, La Documentation Française, 1989.

Es por ello que diversas reformas de la administración pública son imprescindibles. Pero dada la existencia de recursos escasos y la necesidad de tener claro el objetivo final de la reforma de la gestión pública, es que el concepto de políticas públicas asume importancia en dicho proceso. Es posible definir algunos cambios organizativos a partir de un resultado que se privilegie lograr. Por ejemplo, existe un clamor por la simplificación de los trámites para iniciar actividades productivas, o para exportar, y es posible considerar diversos arreglos para consolidar los trámites, o directamente para reducirlos de manera significativa.

El esquema tradicional de los ministerios resulta con frecuencia insuficiente para encarar la complejidad de la gestión pública. Se requiere precisar sus responsabilidades y avanzar en su progresiva coordinación conforme a objetivos más generales que los que cada uno de ellos puede proponerse. Se logrará así potenciar y jerarquizar la gestión pública.

Por otra parte, los ministerios no deberían actuar como órganos administrativos de ejecución, sino proponer y evaluar políticas y planes; estudiar y proponer normas aplicables a los sectores a su cargo; velar por el cumplimiento de las normas dictadas, asignar recursos y fiscalizar las actividades del respectivo sector. Ello plantea temas novedosos de control, transparencia y responsabilidad.

Una experiencia interesante al respecto es la de Suecia, donde la gestión pública es muy descentralizada. Los ministros, apoyados por un equipo reducido de colaboradores, desarrollan funciones de definición de estrategias y de evaluación de políticas. La gestión operacional es delegada a agencias cuyos directores tienen un margen de maniobra real. Ellos son nombrados por un período de varios años y son evaluados por sus resultados[173]. El funcionamiento de cada agencia debe ser examinado por lo menos una vez cada seis años[174].

Por otra parte, debe fortalecerse sistemáticamente una razonable autonomía y descentralización de los servicios, precisándose su competencia y responsabilidades.

En Estados Unidos es posible remontarse hasta los años treinta (la Food and Drug Administration es de 1931) en la utilización de agencias admi-

173. Stoffaes, Christian (1992) "Le contrat de gestion comme moyen de moderniser l'État", *Revue française d'administration publique*, Nº 61, París, Instituto Internacional de Administración Pública, enero/marzo.

174. Forllin, Yvonne (1996), "Autonomy, responsibility and control. The case of central government agencies in Sweden, Performance Management in Government", *Public Management Occasional Paper*, Nº 9, OECD, París.

nistrativas como instrumentos de proyección, desarrollo y control de políticas públicas.

Las agencias se caracterizan por:

- una amplia concepción de sus competencias
- la formulación e implementación de programas reguladores
- la articulación de controles de calidad y seguridad[175].

En todo caso, aunque el Estado se concentre más en un papel normativo que ejecutor, es indispensable que retenga un papel de liderazgo en mejorar las capacidades administrativas mediante apoyo y capacitación, la diseminación de información sobre la mejor práctica en el manejo de programas y de personal, y la asistencia a las agencias en que ellas hagan sus propias decisiones sobre las alternativas de procedimiento[176].

b) Coordinación

Es posible consolidar la coordinación intrasectorial e interministerial creando o potenciando la

175. Carbonell, Eloísa y José Luis Muga (1996): *Agencias y procedimiento administrativo en Estados Unidos de América*, Marcial Pons Ediciones, Madrid.
176. OCDE (1995): "Governance in Transition. Public Management Reforms", en *OECD Countries*, París.

capacidad técnica y operativa de una Secretaría
Presidencial y de comités interministeriales por
sector.

Esta es la experiencia del Reino Unido, donde
existen 17 comités y 8 comités subministeriales. En
el caso de Estados Unidos, además del Consejo
de Seguridad Nacional, que coordina la política
exterior desde 1993, existe el Consejo Económico Nacional, que coordina la política económica
externa e interna de la administración[177].

Una fórmula novedosa de organización intra-
ministerial que permite mejorar la gestión es el
establecimiento de un director general técnico-
financiero. Este se encontraría por debajo del nivel superior del ministerio, en una posición similar a la de un gerente general. Sus funciones
operativas le deberían permitir coordinar los diferentes proyectos y gestionarlos con las demás
autoridades e instituciones relacionadas, tanto internas como externas.

A otro nivel, la normativa que regule las funciones y atribuciones de los municipios debiera
ser lo suficientemente flexible como para que el
municipio pueda establecer al menos su organización interna y el marco de sus actuaciones, así

177. *Financial Times* (1994), 23 de julio.

como la creación o supresión de empleos y la fijación de remuneraciones, dentro de los límites de una ley de dicha normativa.

Recuadro Nº 16
Base institucional del sector público

La base institucional del sector público podría definirse conforme a los siguientes criterios:

- *Simplificación.* Ventanilla única.
- *Separación de funciones*, incluyendo la definición de las políticas, la evaluación de las inversiones, la asignación y control presupuestario, la ejecución de las políticas, el ejercicio de la regulación y la evaluación. También deben separarse las agencias compradoras y las entidades proveedoras.
- *Integración* en niveles de igual jerarquía de decisiones con alto grado de interrelación, reduciendo así los costos de coordinación.
- *Evitar la excesiva concentración de poder*, como un medio de disminuir la falibilidad.
- *Descentralización*, acercando la ejecución y administración a los usuarios. Ello requiere un grado mayor de autonomía y de traspaso de competencias, pero también de responsabilidades. La búsqueda de una participación real de los grupos involucrados pone de relieve la necesidad de descentralizar y desconcentrar la acción y los poderes públicos, para acercarlos efectivamente a las personas.
- *Empresa o agencia descentralizada*. La primera, cuando sea posible definir un producto o servicio, su precio y un sistema de cobro. La segunda, cuando, no siendo posible lo anterior, se financie su provisión preferentemente a través de préstamos y transferencias fiscales.
- *Coordinación horizontal* en el ámbito de la definición de políticas.

> • *Público y privado.* Estos mecanismos incluyen la delimitación de los derechos de propiedad pública, para evitar la falta de responsabilidades precisas, entre otros.[178]
>
> Fuente: Eduardo Bitrán, "Criterios básicos del diseño institucional", documento interno, Santiago de Chile, Ministerio de Hacienda, 1993

La indispensable integración de las políticas sociales obliga a un gestión coordinada, tanto vertical como horizontalmente; la participación activa de la población es una condición indispensable de su viabilidad.

De lo anterior se pueden dar muchos ejemplos. En salud, en vez de permitir una creciente segregación de servicios privados y públicos, debe buscarse su integración nacional con modalidades funcionales para ello. Lo mismo ocurre en la reforma previsional y en la provisión de viviendas[179].

178. Davies, Howard (1992), *Fighting Leviathan: Building Social Markets that Work*, Social Market Foundation, Londres.

179. Sobre este tema pueden consultarse, Aedo, Cristián y O. Larrañaga (1993), "Sistemas de entrega de los servicios sociales: una visión general", Documento de Trabajo Nº 161, Washington, D.C., Banco Interamericano de Desarrollo (BID), julio y Schkolnik, Mariana y J. Bonnefoy (1994), "Una propuesta de tipología de las políticas sociales en Chile", Santiago de Chile, Fondo de las Naciones Unidas para la Infancia (UNICEF), julio.

En el plano institucional es conveniente consolidar el sector público social en la menor cantidad posible de organismos. Dicha consolidación debe ir unida a la clarificación y concentración de competencias y funciones.

Desde otro punto de vista, puede plantearse como un criterio organizativo el de la devolución, término genérico para transferencias de responsabilidades. Ella se refiere a las transferencias de responsabilidad y el otorgamiento de mayor capacidad de decisión y autonomía: desde los organismos centrales de gerencia a los departamentos de línea; de las agencias y departamentos a las unidades subordinadas; al interior de las unidades, hacia niveles más bajos y a las oficinas regionales[180].

Un buen diseño organizativo, en todo caso, no es lograr una solución estable, sino mantener activo un proceso de desarrollo[181]. ¿Qué empresa no se ha reorganizado en los últimos 50 años?

180. OCDE (1996), "Words and concepts", *Public Management Focus*, París, septiembre.

181. W.H. Starbuck y P.C. Nystrom (1983), "Designing and Understanding Organization", en W.H. Starbuck y P.C. Nystrom (eds.) *Handbook of Organizational Design*, Free Press, New York.

6. Participación en la gestión

La participación puede mejorar la gestión pública de diversos modos:[182]

- la información acerca de las necesidades, prioridades y capacidades de las comunidades o sectores involucrados puede incrementarse
- los programas pueden ser mejor adaptados a las necesidades locales, lo que favorece un mejor uso de los recursos
- la entrega de los servicios puede ser de mejor calidad y atender mejor a la demanda;
- permite movilizar recursos locales
- puede mejorar la utilización y la mantención de las instalaciones y servicios gubernamentales.

Sus inconvenientes incluyen: mayores costos de transacción iniciales; aumento de las expectativas racionales; eventual captura de recursos del desarrollo por élites locales; y la posibilidad de sustituir, en vez de complementar, el conocimiento técnico con la información local.

La producción no lucrativa por la sociedad de bienes o servicios públicos no exclusivos del es-

182. Bhatnagar, Bhuvan y Aubrey Williams (1993), "Introduction", *World Bank Discussion Papers*, Nº 183, Washington, D.C., Banco Mundial.

tado, requiere del fortalecimiento de las organizaciones sociales que puedan llevarlo a cabo[183].

Es de particular importancia reconocer la significación de la "voz" en casos en los que no hay "salida" factible de los usuarios de determinados servicios públicos; en casos de monopolios naturales, por ejemplo[184].

La participación no sólo debe aumentar los canales de expresión a la sociedad civil, sino también hacerla responsable de sus demandas y preocupaciones.

El aumento de la participación ciudadana requiere también mayores posibilidades de "resistencia legal" respecto de las decisiones de gobierno.

Factores que pueden contribuir a precisar responsabilidades y facilitar la rendición de cuentas son la capacitación a líderes elegidos por sus grupos comunitarios sobre la gestión de los programas[185].

Por otra parte, la participación de los usuarios en relación a los servicios aumenta la *accountability* de los funcionarios.

183. Ministério de Administracao Federal e Reforma do Estado (MARE) (1998), "Organizacoes Sociais", Brasilia.
184. Paul, Samuel (1994): "Does voice matter? For public accountability, yes", *Policy Research Working Papers*, Nº 1388, Washington, D.C., Banco Mundial, diciembre.
185. Winkle, Donald (1994): "The design and administration of intergovernmental transfers. Fiscal decentralization in Latin America", *World Bank Discussion Papers*, Nº 235, Washington, D.C., Banco Mundial, julio.

IV. MODALIDADES GENÉRICAS
DE GESTIÓN

> *La economía es la ciencia del*
> *comportamiento humano en relación*
> *con sus fines y los medios escasos de*
> *uso alternativo.*
> Lionel Robbins, 1932

Es preciso generalizar instrumentos y mecanismos de gestión que sean funcionales al pronto logro de las políticas públicas. En esta sección se plantean modalidades genéricas las que deben ser adecuadas a las respectivas circunstancias[186].

1. MECANISMOS

a) *Plan Piloto*[187]

Un Plan Piloto facilita permite definir los objetivos institucionales y los métodos de evaluación de desempeño, con énfasis en la calidad de los productos, eficiencia en los procesos productivos y en el gasto, entre otros.

186. Sobre el tema véase, Weimer, David y Vining, Aidan (1992): *Policy Analysis, Concept and Practice*, Prentice Hall, New Yersey.
187. Dirección de Presupuesto de Chile (1993), "Plan piloto de modernización en la gestión de los servicios públicos: informe final primera fase", Santiago de Chile, agosto.

La metodología del Plan puede basarse en una consultoría de procesos, la que permita realizar un análisis estratégico de los servicios para determinar la misión, los objetivos y acciones a emprender para el logro de esos objetivos. A partir de ese análisis, se pueden desarrollar sistemas de información de apoyo a la gestión, los que proporcionen una retroalimentación y faciliten mejoras en la eficiencia operacional.

Para lo anterior puede conformarse un grupo de trabajo integrado por directivos del servicio respectivo, consultores externos y un representante del Ministerio de Hacienda, quien tenga a su cargo la vinculación presupuestaria con el servicio. En dicho grupo deben establecerse los instrumentos y mecanismos institucionales que generen los incentivos adecuados.

Los antecedentes básicos del Plan incluyen la identificación de la misión u objetivo del servicio, definición de los productos y servicios, relevamiento del proceso productivo, identificación de los usuarios, determinación de los centros de responsabilidad, y proposición de indicadores.

El Plan consiste en el diseño e implementación de sistemas de información y control de gestión. Sus principales programas son:

- un diagnóstico orientado a sugerir medidas para mejorar la organización y operación de los servicios

- un análisis sobre la posibilidad de introducir indicadores de gestión y medidas de productividad y
- un intento por desarrollar un sistema de información que ayude perfeccionar el mecanismo de asignación presupuestaria.

b) Convenios de desempeño

Los convenios de desempeño permiten clarificar lo que el Estado espera de los administradores y empleados de un ente público, estableciendo indicadores de gestión que reflejan las prioridades de la autoridad.

Conviene que los compromisos de modernización presenten soluciones concretas; correspondan a proyectos realizables con los recursos normales de la entidad, en un plazo determinado; incluyan áreas como atención al usuario, memoria y balance de la gestión financiera y del cumplimiento de metas, simplificación de trámites y mejoramiento de gestión de recursos humanos y descentralización administrativa.

En el caso de las empresas públicas, el convenio de desempeño corresponde a los compromisos gerenciales entre el gobierno y el directorio de una repartición pública, con objetivos y metas periodizadas, cuya ejecución es supervisada por el Estado[188]. Este convenio es distinto de un plan corporativo, como lo es el presupuesto anual de la empresa[189].

En ellos la empresa se compromete a determinados objetivos en materias de resultados económicos, producción física, productividad, calidad de servicio y otros, a cambio de que el gobierno se comprometa a facilitarle la financiación necesaria y le ofrezca una compensación por obligarla a emprender actividades no comerciales en beneficio del interés público.

En materia de responsabilidades, los convenios de desempeño son un instrumento importante de clarificación de objetivos determinados y cuantificables, a cuyo cumplimiento la empresa pública se compromete en un período de tiempo estipulado.

Dicho acuerdo habitualmente incluye los siguientes aspectos:

188. De André, Maristela (1995), "Contratos de gestao. Contradiçoes e caminhos da administraçao pública", *Revista de administraçao de empresas*, São Paulo, Vol. 35, Nº 3, mayo-junio; Tironi, Luis F. (1993): "Contratos de gestao como instrumentos de promoçao da qualidade e produtividade no sector público", *Revista indicadores de qualidade e produtividade*, año I, Nº 1, Instituto de Investigación Económica Aplicada (IPEA), Brasilia. febrero.

189. Naciones Unidas (1995), *Guidelines on Performance Contracting. A Practioner's Manual*, Nueva York. Publicación de las Naciones Unidas.

- los objetivos futuros de la empresa
- el modo en que serán estimados los resultados correspondientes a cada uno de ellos
- las metas de la empresa correspondiente a cada objetivo
- los incentivos para la conducción de la empresa
- financiamiento de las actividades de la empresa
- autonomía de la gerencia y sus límites precisamente definidos
- los sistemas de información, contabilidad, informes y auditoría para establecer la responsabilidad y la rendición de cuentas a lo largo del contrato y
- procedimientos para variar los acuerdos y para la solución de disputas en relación al cumplimiento del convenio.

Tales medidas facilitan la separación de los roles de dueño y administrador, y permiten simplificar los controles y procesos externos a la empresa y reorientarlos al análisis de resultados. Además, ayudan a debilitar el poder de los grupos de interés que presionan a las empresas para que asuman roles contrapuestos a los convenidos explícitamente con el dueño.

c) Gestión por objetivos

Corresponde a un proceso a través del cual se definen los propósitos y objetivos de la organización, en términos de los resultados esperados, a través de la participación de sus miembros. Éste se formaliza en un mecanismo administrativo de decisión que opera de modo continuo, al que se le agrega información de manera intermitente para decisiones de políticas[190].

Se requiere un objetivo operacional y flexibilidad de estructura y de personal. Un requisito previo es la capacidad de hacer análisis de sistemas: consideración de los principales factores envueltos en el logro de un conjunto interconectado de objetivos.

Sus supuestos son: racionalidad, definición precisa de objetivos, organizaciones y participantes cerrados, disponibilidad de la información requerida, internalización de objetivos y medios por los participantes. Cada uno es problemático. El más dudoso se refiere a la determinación de prioridades y posterioridades[191].

---

190. McCaffery, Jerry (1976), "MBO and the Federal Budgetary Process", *Public Administration Review*, enero-febrero.
191. Drucker, Peter (1976), "What Result Should you Expect? A Users' Guide to MBO", *Public Administration Review*, enero-febrero.

d) Calidad total

El concepto de calidad total involucra la responsa-bilidad de todos los integrantes de la organización de que se trate; y debe ser planificado, ejecutado y controlado a través de todo el proceso produc-tivo[192].

En el caso del sistema de salud de España, exis-te un Plan que tiene como metas la generación, implantación y desarrollo de un sistema integra-do de gestión de la calidad total. Para ello se esta-blecen las bases de sistemas de información y una aproximación operativa para la explotación de esa información permitiendo relacionar actividad con recursos utilizados y coste. Haciendo uso de esa información, se ofrece una metodología de eva-luación que permite relacionar los recursos utili-zados y su coste con la calidad del proceso y los resultados obtenidos, centrándose en la satisfac-ción del profesional y de los usuarios del sistema[193].

192. Dos ejemplos pueden verse en Ferrándiz, Ulises (1992) "Plan de calidad total en el sistema sanitario de España: Ges-tión de la calidad total", *Revista Indicadores da Qualidade e Produtividade*, Vol. I, Nº 1, febrero; y Tesorería General de la República de Chile (1992), "Análisis de la aplicación del con-trol total de la calidad en servicios de la administración pú-blica", borrador de discusión.

193. Ruiz, Ulises (1992), "Plan de calidad total en el siste-ma sanitario: gestión de la calidad total", *Revista Indicadores da Qualidade e Produtividade*, Vol. 1, Nº 1, febrero, 1992.

Por otra parte, un círculo de calidad es un grupo pequeño que desarrolla actividades de control de calidad, dentro de una misma área de trabajo.

e) Redes

Los gobiernos mejor organizados están evolucionando desde sistemas exclusivamente jerárquicos a modelos que utilizan más las redes, en las que diferentes partes del gobierno son responsables de atender aspectos específicos de diferentes políticas públicas. Ello requiere un aumento de la independencia y flexibilidad de las reparticiones involucradas.

Éstas se constituyen cuando existe colaboración directa entre instancias de iguales o diferentes niveles de la administración, operando a partir de metas concretas.

Desde otro punto de vista, el principio de unidad de la administración —principio jurídico básico de la gestión estatal con racionalidad burocrática— se ha convertido en buena medida en un principio de buena voluntad. Ello porque resulta difícil enterarse de la actual complejidad burocrática desde el vértice del Estado, en un ámbito que incluye a tantos miles de funcionarios. Por lo tanto, es necesario incorporar la gestión responsable en el proceso de coordinación interadministrativa. Se requiere sustituir el principio de unidad de la administración por un sistema de articulaciones, de intercambios interinstitucionales para el cumplimiento de metas específicas y con control recíproco de desempeño[194].

Un inconveniente de operar en red es la mayor dificultad para realizar un control, seguimiento y evaluación de las acciones realizadas, dadas su dispersión.

Es posible el establecimiento de "ventanillas únicas" para que los ciudadanos puedan realizar sus transacciones con el sector público. También pueden establecerse autoservicios de consulta de trámites, con terminales en lugares de acceso público.

f) Simplificación de la burocracia

La simplificación normativa y burocrática debería ser una tarea permanente de las respectivas unidades para cada tema. Las normas y prácticas deberían ser esquematizadas e informadas a los usuarios de los diversos servicios públicos, de modo que su opacidad no constituya una barrera de acceso. La estructura del trámite, así como la de la

---

194. Martner, Gonzalo (1994): "Las tareas pendientes de la modernización de la administración del Estado", *Foro 2000*, Vol. 3, Nº 11, octubre/noviembre.

gestión, deberían seguir un curso de flujo de información.

En el caso de Italia se ha establecido un observatorio para la simplificación, un Consejo consultivo con representantes del gobierno central y regional, así como de organizaciones regionales y sociales. También se estableció una unidad central de simplificación de las regulaciones[195].

Las declaraciones propias pueden reemplazar un alto porcentaje de los certificados; así como la notificación de inicio de actividad y el silencio administrativo pueden reemplazar autorizaciones y licencias.

Conviene establecer un manual de estilo, para simplificar la terminología administrativa y la estandarización y simplificación de los formularios oficiales.

g) *Información*

Convendría establecer el acceso libre al conocimiento de los actos administrativos, con el secreto como excepción.

Conviene publicar una memoria y balance anual de los servicios públicos. Dichos informes

---

195. En las leyes llamadas Bassanini 1 y Bassanini 2 (1998) por el Ministro de la Función Pública.

pueden incluir las metas y el cumplimiento de las mismas, así como los resultados de la gestión financiera y presupuestaria.

Los servicios públicos deberían diseñar diversas modalidades de información al usuario.

Siempre en relación a la información, avanza el reconocimiento del derecho de cada parte en el procedimiento administrativo a examinar los expedientes o, en términos más generales, a obtener información de los entes administrativos[196].

Las oficinas de información pueden asistir al público usuario en su derecho a presentar peticiones, sugerencias o reclamos. Deben contribuir a facilitar la atención de quienes realicen gestiones en las entidades públicas y atender sus reclamos y sugerencias. Al respecto, existen condiciones mínimas para transmitir información y orientación, como formularios, planos o mapas, señales o símbolos, directorios, manuales y servicio de correspondencia, entre otros. Para usuarios masivos de servicios estandarizados es posible desarrollar un programa computacional que, mediante un sistema de multilínea telefónica, clasifique la expresión de reclamos.

196. Bachmann, Susanne (1992), "Derechos de los ciudadanos frente a la administración pública en Austria", *Revista internacional de ciencias administrativas*, Vol. 50, Nº 2, Madrid, junio.

2. Instrumentos de gestión

a) *Informatización*

Dado el carácter de flujo de información de las políticas públicas, una condición necesaria para que el Estado tenga éxito en las tareas que se le encomiendan es la de que éste disponga de una adecuada informatización de procesos, de interconexión vía redes y de acceso a bases de datos dispersas por el mundo con información necesaria para el desarrollo.

El e-goverment incluye la firma electrónica, la gestión electrónica de documentos administrativos, procedimientos y archivos. También debe considerar una carta electrónica de identidad y avances sustantivos hacia una red administrativa común y a una ventana única para el conjunto de la administración pública, así como de un sistema de compra estatal electrónico.

Los sistemas de manejo de la información se refieren a:

- las transacciones de los sistemas de procesamiento de la organización: contabilidad, planillas, adquisiciones
- sistemas operacionales de control: planificación de inventarios, manejo de personal, control presupuestario

- sistemas de control de la gestión: clasificación de puestos, desempeño financiero, monitoreo, sistemas de apoyo a la decisión y
- sistemas de planificación estratégica: asignación de recursos, sistemas de proyecciones[197].

Las acciones en este sentido deben estar enmarcadas en una definición y selección precisa de las fuentes, destinatarios e interlocutores, de manera de lograr un mejoramiento de la gestión pública en términos manejables.

Los grandes proyectos informáticos deberían contar con un adecuado diagnóstico de necesidades, seguido de la elaboración de normas y de términos de referencia para cada licitación.

Las adquisiciones gubernamentales pueden ser realizadas en mejores condiciones mediante un sistema electrónico en línea. Sus requerimientos son:

- un catálogo de materiales y servicios demandados por el sector público
- un catastro de abastecedores
- un sistema de registro de precios y
- divulgación electrónica de licitaciones[198].

197. Naciones Unidas (1994), "Human Resources Development in Civil Service Systems" (INT-91-RT2), Nueva York.
198. Véase el número de *Reforma Gerencial* de julio de 1998, MARE.

Tal sitio permitiría que cualquier potencial proveedor se informe de las compras que realiza el sector público y que cada uno de los procedimientos quede documentado en línea, de manera transparente y de fácil acceso.

Cuestión distinta es el acceso en igualdad de condiciones por empresas extranjeras, el que encuentra restricciones en muchos países, pese al Acuerdo sobre Compras Gubernamentales de la Ronda de Tokyo (1979)[199] y al Código de Adquisiciones Gubernamentales de la OECD,1995.

Los pagos al sector público deberían poder realizarse a través del Internet.

El costo de hacer disponible una extensa documentación pública mediante el Internet es sustancialmente menor que los ahorros que se producirían por el menor tiempo dedicado a retransmitir información pública. De ese modo se lograría mayor transparencia y se facilitaría el ejercicio de la responsabilidad pública, al mismo tiempo que se disminuiría la ventaja de los grupos organizados y estables de presión.

La reforma de los instrumentos y mecanismos no debería incluir un grado excesivo de "deslegalización" de los procedimientos administrativos,

---

199. Hoekman, Bernard y P. Mavroidis (eds.) (1997), *Law and Policy in Public Purchasing: the WTO Agreement on Government Procurement*, Universidad de Michigan.

ya que su carácter legal es una base de la democracia.

b) Mecanismos tipo mercado

Se refieren a aquellos en los que por lo menos una característica significativa de los mercados competitivos está presente o puede simularse: competencia, precios, decisiones dispersas, incentivos monetarios, etc.

Pueden utilizarse como parte de un rearreglo público/privado o como técnicas para aumentar la eficiencia y la flexibilidad. Los factores a ser considerados incluyen costos de transacción, derechos de propiedad, integración vertical, entre otros. (Véase recuadro Nº 17).

Las más habituales incluyen la externalización, la entrega de vouchers, creación o modificación de derechos de propiedad, precios y mercados internos al sector público, así como contratos intragubernamentales.

Los resultados de su aplicación en un mercado competitivo son predecibles, pero no cuando elementos aislados son incorporados a una organización pública grande. La noción de eficiencia requiere una definición amplia, ya que hay situaciones diferentes. Del mismo modo, se debe prestar atención especial a las condiciones resultantes de equidad.

Recuadro Nº 17 Mecanismos tipo mercado			
Propiedad	Gestión	Personal	Descripción
Público	Privado	Público	Contrato de gestión (buses)
Público	Privado	Privado	Contrato de gestión y ejecución (hospital)
Público	Público	Privado	Contrato de operación (personal de secretaría)
Privado	Público	Público	Leasing
Privado	Privado	Público	Programa de empleo
Fuente: OECD, *Managing with Market-Type Mechanisms*, París, 1993.			

c) *Provisión privada de servicios públicos*

Desde otro punto de vista, se ha planteado la conveniencia de la provisión privada de servicios públicos en los países en desarrollo, refutando el punto de vista convencional según el cual sólo el sector público puede suministrar servicios públicos. Las dificultades para la provisión de dichos servicios por parte del sector privado obedecen principalmente a debilidades institucionales y a políticas gubernamentales que hacen la operación riesgosa o poco rentable[200].

200. Roth, Gabriel (1987), "The private provision of public services in developing countries", *EDI Series in Economic Development*, Washington, D.C., Banco Mundial.

De ese modo, se trata de mejorar los servicios públicos, al tiempo que se ayuda a los gobiernos a utilizar los sectores privados para la provisión de una gama cada vez más amplia de dichos servicios.

La provisión privada de servicios sociales puede incentivarse a través de diversas alternativas: mediante su traspaso integral incluyendo su financiamiento y la regulación a través de un marco legal normativo; el establecimiento de mecanismos para que el sector privado participe en la provisión de dichos servicios que sigan siendo administrados por el Estado; o por la delegación de la administración y provisión directa en instituciones intermedias o privadas, manteniendo el Estado un papel financiero, normativo y contralor[201].

---

201. Cohen, Ernesto (1993), "Gestión de programas y proyectos sociales", Seminario sobre Gestión y Evaluación de Políticas y Proyectos Sociales: Lecciones para la Capacitación, Santiago de Chile, diciembre.

Recuadro N° 18 Provisión de los servicios públicos			
Tipo de Servicio	Decisión	Producción	Pago del Productor
Venta por el gobierno	Consumidor	Gobierno	Consumidor
Contrato	Gobierno	Firma privada	Gobierno
Contrato/grant	Gobierno	Voluntario	Gobierno y consumidor
Franquicia (exclusiva)	Gobierno	Firma privada	Consumidor
Franquicia (múltiple)	Gobierno y consumidor	Firma privada	Consumidor
Grant	Gobierno y consumidor	Firma privada	Gobierno y consumidor
Vouchers	Consumidor	Firma privada	Consumidor
Fuente: OECD, *Managing with Market-Type Mechanisms*, París, 1993.			

d) Concesiones, contratos y licitaciones

La incorporación de soluciones privadas a los problemas públicos requiere el cumplimiento de ciertas etapas: presentación de la idea con el proyecto para ser evaluado respecto de su interés público; solicitud de presentación de estudios de ingeniería y demanda, cuyos costos pueden ser reembolsados; si la propuesta es aceptada el proyecto es

transferido a obras públicas a cambio de un premio. Finalmente obras públicas llamará a licitación pública el proyecto de concesiones.

Se ha señalado que la autoridad licitadora no
debería insistir en el carácter competitivo de las
licitaciones en aquellos casos en que parte de la
oferta del contratista potencial es una idea origi-
nal, la que puede no ser presentada. Una política
complementaria es la de reembolsar costos de
presentación a las licitaciones. También lo es la
de respeto por la propiedad intelectual de las propuestas. Otras políticas que pueden contribuir al
financiamiento privado de servicios públicos son
las de cofinanciamiento.

Las concesiones de servicio público se otorgan a una empresa para el establecimiento, construcción y explotación de las instalaciones que
permiten proveer el respectivo servicio.

La concesión se otorga por un plazo, frecuentemente indefinido, y su titular tiene derecho de
propiedad sobre ella. Las obligaciones del conce-
sionario se refieren a las condiciones de otorgamiento del suministro, la calidad del servicio y el
cumplimiento de normas impuestas por el Estado. En caso de incumplimiento de las obligaciones estipuladas en la concesión, el Estado puede
imponer multas o declarar, en última instancia,
la caducidad de la concesión.

El sector público tiene un extenso trabajo preparatorio que cumplir para favorecer un flujo sostenido de proyectos privados.

La política de contratos y licitaciones debería establecer una uniformidad de la normativa legal respectiva, sin excluir cierta flexibilidad. La necesidad de transparencia debería ser establecida como principio general, así como los mecanismos de control. Al mismo tiempo, debería apuntarse a la simplificación y agudización de los procesos y procedimientos.

Los sistemas de licitación podrían considerar el mecanismo utilizado en la Bolsa Electrónica de Valores; este sistema requiere una homologación previa de los productos que se llamarán a licitación más tarde.

e) Externalización

La externalización es la subcontratación con un tercero al que se delega una función o actividad que tradicionalmente se ha realizado internamente, o que no se realizaba con anterioridad. Ella puede deberse a razones de economía, a la inexistencia de capacidad interna, o a la conveniencia de tal delegación por otras razones.

La externalización permite concentrarse en las funciones centrales propias de la agencia, conocer los costos reales y, eventualmente, reducirlos. No están claros sus límites sustantivos; inicialmente, la división del trabajo se dio entre las diferentes etapas del proceso productivo o administrativo, pero crecientemente tiende a darse también dentro de cada etapa.

La contratación externa puede incluir aspectos tan variados como la tecnología informática, los servicios de biblioteca y documentación, la reproducción de material, la administración de edificios, aspectos legales, encuestas, el manejo de las listas de pagos, publicidad, relaciones públicas, contabilidad, auditoría, entre otros.

En los procesos de externalización es conveniente considerar los siguientes aspectos:

- asegurar el compromiso de la gestión superior y alentar la reingeniería del proceso
- considerar los temas relativos al personal y los equipos
- asegurar que las comparaciones sean válidas
- evaluar las propuestas internas
- desarrollar mercados competitivos
- desarrollar y mantener las habilidades necesarias
- especificar los requisitos del servicio en términos de producto o resultados y

- controlar el desempeño y alentar las relaciones de cooperación[202].

En cuanto al uso de consultores externos, su utilidad depende de la actitud de la dirección del servicio hacia una intervención externa, de su determinación de resolver los problemas que sean identificados, de la definición precisa de los objetivos de la consultoría y del establecimiento de una relación de trabajo eficaz con el personal externo.

A nivel municipal existe una amplia gama de acciones que pueden ser cumplidas apoyándose en la gestión del sector privado. Entre ellas: aseo de oficinas, mantención de edificios y vehículos, atención de salas cunas para los hijos de los funcionarios, recaudación de impuestos, elaboración de estudios, labores de vigilancia, mantención de máquinas y muebles de oficina, atención de problemas sociales, mantención de áreas verdes, de señales de tránsito, semáforos y otras[203].

202. PUMA (1998), "Contracting Out Government Services: Best Practice Guidelines and Case Studies", OECD, París, 1998
203. Meneses, Luis e I. Miranda (1994): "Participación privada en el desarrollo local", *Más recursos para la ciudad. Nuevas Perspectivas*, Ignacio Irarrázaval y Carla Lehmann (comps.), Centro de Estudios Públicos, Santiago de Chile.

f) Benchmarking y mejores prácticas

El benchmarking es un proceso sistemático de medición y evaluación de productos, servicios y prácticas de líderes reconocidos en el terreno, para determinar cuáles pueden ser copiadas o adoptadas para obtener un desempeño superior[204].

Existen indudables economías de operación si se configura un registro centralizado de "mejores prácticas", a partir de información estandarizada.

g) Derechos transables de emisión

En el caso de la protección del medio ambiente deberían hacerse más comunes los derechos de emisión transables, cuyo total se redujera gradualmente.

h) Silencio administrativo

Al ponerse plazos para el cumplimiento de determinados trámites o la liberación de ciertas autorizaciones puede utilizarse la práctica del silencio

---

204. Pollitt, Christopher ; M. Cave y R. Joss (1994), "International benchmarking as a tool to improve public sector performance: A critical overview", Performance Measurement in Government: Issues and Illustrations, PUMA, *Occasional Papers*, Nº 5, París, Organización de Cooperación y Desarrollo Económicos (OCDE).

administrativo. De no cumplirse en fecha, se entiende que la respuesta es positiva. En casos especiales ello podría invertirse.

i) Focalización

Resulta inconveniente plantear de modo simplista la focalización del gasto o plantearla como alternativa opuesta a las políticas universales: cada una cumple papeles específicos y ambas son complementarias.

La focalización puede hacerse por programa, correspondiente a los diferentes grupos-objetivos; por el método de la localización geográfica; y por la focalización individual, familiar o por hogar, que contempla la selección precisa de los beneficiarios del gasto social.

En el caso del gasto social, éste es focalizable, especialmente en el ámbito de la salud, la educación y las pensiones, los que en conjunto representan una alta proporción del gasto social. Según algunos, las pensiones podrían focalizarse por ingreso.

j) Financiamiento compartido

Un esquema de financiamiento compartido, que supone una contribución del beneficiario proporcional a sus ingresos, permite expandir la oferta de servicios sociales en calidad y cantidad, sin presionar sobre la estructura tributaria o sobre los equilibrios fiscales.

Por otra parte, de no mediar una política social compensadora, este método puede aumentar la brecha entre el tipo de servicios recibidos por los diversos grupos de ingreso.

k) Competencia regulada

La competencia regulada está llamada a tener una creciente importancia en la solución de las demandas sociales de personas que no podrían acceder de modo individual al respectivo bien o servicio, o sólo podrían hacerlo en condiciones onerosas o inadecuadas.

La principal recomendación de política que se desprende de este concepto es la de reunir a empleadores y dependientes u otros grupos en grandes agrupaciones de demanda y recibir ofertas competitivas de diversos proveedores, tanto en costos como en calidad[205].

La modalidad elegida para transferir los recursos públicos desde el gobierno general hasta los

---

205. Este concepto fue desarrollado por Enthoven, Alain y P. Ellowood (1992), consultores norteamericanos del Estado de Wyoming, *Wall Street Journal*, 2 de noviembre.

proveedores del servicio tiene implicancias sobre la eficacia de tales programas. Los esquemas pueden corresponder a:

- transferencias de suma fija (entrega de recursos sin mediar contrapartida y en base a criterios históricos o de negociación directa)
- transferencias en base a insumos (los recursos se entregan en relación con el nivel de insumos utilizados en la producción del servicio)
- transferencias en base a resultados, es decir, en términos del producto obtenido y
- transferencias entregadas a los beneficiarios de los programas mediante vouchers.

3. Regulación

a) Concepto y tipos de regulación

La regulación es una política pública con un contenido normativo ejercida por el sector público en relación a una actividad productiva, normalmente privada, en casos de falla de mercado o por razones sociales.

Mediante la regulación **económica** se busca normar diversas imperfecciones del mercado o suplir la inexistencia de éste; de allí que con ella deba apuntarse a la creación de condiciones lo más semejantes posibles a las de mercado para la operación de las empresas; la protección e información de los consumidores, y la reglamentación de tarifas y de calidad del servicio[206].

Existen dos tipos de fallas de mercado que justifican la regulación por razones económicas: circunstancias en las que hay divergencias entre el precio y los costos marginales y no existen soluciones competitivas (monopolios naturales) y circunstancias en las que dichas soluciones existen pero no son eficientes, debido a la presencia de externalidades (las que resultan de que los individuos no internalizan los costos o beneficios que sus decisiones producen en terceros), o de asimetrías de información. Las externalidades se plantean cuando la producción o el consumo de un bien tiene resultados que afectan a más personas que las que participan en tales actos. El ejemplo mas común es el de la contaminación, en la que un productor impone costos sobre la comunidad, los que no son reflejados en sus costos propios.

Diversos cambios tecnológicos han demostrado que la falla de mercado debe ser considerada

---

206. Scott H. Jacobs (1992), "Controlling Government Regulation: A new self-discipline", *The OECD Observer*, Nº 175, París, Organización de Cooperación y Desarrollo Económicos (OCDE), abril-mayo.

un concepto dinámico; ella está determinada por la tecnología, las condiciones de mercado y la estructura organizacional. Por otra parte, no siempre el cambio técnico reduce a los monopolios naturales, ya que incluso puede dar origen a nuevos monopolios naturales debido a la existencia de nuevas economías de escala (un ejemplo es el del sistema de reserva de las líneas aéreas).

Si bien la política regulatoria es multidimensional, puede distinguirse la regulación estructural —referida a la estructura de una industria— de la regulación de conductas de los participantes en un sector industrial. Esta última puede incluir diversos aspectos de la conducta económica de una empresa: precios, entrada y salida al sector; así como su conducta social: salud y seguridad de sus lugares de trabajo y productos, externalidades de ruido y contaminación en su línea de producción, y veracidad de la información sobre sus propios productos.

Adicionalmente, la conducta económica entre las empresas es normada por las leyes antimonopólicas. Por otra parte las firmas pueden ser desreguladas en una esfera, pero reguladas en otra.

En cuanto a la regulación **social**, ella tiene diversos criterios inspiradores entre los que se encuentran la defensa de valores no comerciables, tales como la libertad, la diversidad y la virtud cívica; la reprobación moral de alguna actividad; el deseo de garantizar la verificación del resultado que se busca obtener con otras regulaciones; el paternalismo, y la redistribución de la riqueza. Como es evidente, algunos de estos criterios pueden dar fundamentos a políticas contradictorias.

Con la regulación social se busca corregir una amplia gama de efectos colaterales o características externas de las actividades económicas, en relación a la salud, el ambiente, la seguridad del trabajador, y el interés de los consumidores; ella también puede incluir medidas antidiscriminatorias y que garanticen los derechos de la ciudadanía.

En todo caso, las políticas de regulación no deberían ser encargadas de objetivos sociales más vastos, los que pueden ser ejecutados de mejor manera a través de políticas más específicas. Por ejemplo, la política regional puede ser más eficaz en la solución de los problemas locales de desempleo.

En el caso de regulaciones explícitamente basadas en consideraciones no económicas, el gobierno siempre debía considerar su impacto social agregado en comparación, por ejemplo, con un programa explícito. En ambos casos existen costos y la mejor opción no siempre es evidente.

La regulación **administrativa** se refiere a los requisitos administrativos mediante los cuales los gobiernos se hacen de información e intervienen en las decisiones económicas individuales. Este tipo de regulación puede tener un impacto sustancial en el desempeño del sector privado[207].

Es importante incorporar en la decisión de regular, las consideraciones de los costos asociados a la regulación. Debería darse atención a la efectividad de los costos de las normas, asegurando que los recursos empleados no puedan producir mayores beneficios si fueran asignados de manera diferente.

Para que los resultados de la regulación y de la desregulación puedan ser evaluados, resulta conveniente preestablecer indicadores que faciliten dicho ejercicio. La evaluación de la regulación debería abarcar el nivel global de la actividad reguladora desarrollada en un determinado periodo; el establecimiento periódico de prioridades al respecto; su consideración sistemática por el Parlamento; y la contabilidad agregada de los costos y beneficios de los programas reguladores.

207. Córdova Novión, César (1998): "La reforma regulatoria en los países de la OCDE: ¿Qué hemos aprendido?", Instituto Nacional de Administración Pública y Secretaría de Comercio y Fomento Industrial, México, agosto.

Recuadro N° 19
Objetivos de la regulación

La regulación económica puede tener varios objetivos no siempre coincidentes. El más importante es el de promover la competencia, sea ésta entendida como un fin en sí misma o como un mecanismo para aumentar la eficiencia, individual y agregada.

Las empresas —públicas o privadas— operan más eficientemente cuando son expuestas a la competencia. De allí que, según algunos autores, en la medida en que la efectiva regulación o desregulación aumente la competencia, ella por sí misma aumentará también la eficiencia.

En cambio, para otros autores —principalmente preocupados con el tema de la organización industrial— la competencia no es un fin en sí misma. Más bien, ella debe ser promovida como una manera de aumentar la eficiencia económica: la regulación debe entregar señales e incentivos correctos que promuevan la eficiencia en la asignación de recursos. Dicha eficiencia corresponde a la maximización de la suma del valor presente del excedente del consumidor y del productor. Esta definición cubre el trade-off entre eficiencia estática y dinámica: las pérdidas de bienestar pueden ser aceptables si la estructura o la conducta del mercado que las originan generan mayores eficiencias en la medida en que dichas ganancias no tarden demasiado en producirse y su tasa de descuento social no sea demasiado alta. Con este enfoque se destaca la importancia de aumentar la competitividad de las empresas, incluso con prioridad a las políticas de competencia.

Los autores del primer grupo contrargumentan que lo importante es el proceso de competencia, ya que el concepto de eficiencia económica derivado del análisis estático de bienestar es insuficiente: el proceso competitivo se deriva de los desequilibrios en los mercados, los que dan oportunidades para que los empresarios exploten su información superior y realicen ganancias. El equilibrio nunca se alcanza; de allí que la competencia sea un motor de crecimiento por sí misma.

_a anterior no es una discusión exclusivamente académica: en deteminadas condiciones las políticas de competencia y las políticas que promueven la eficiencia y la competitividad pueden ser contradictorias.

Fuente: M.Armstrong, S. Cowan y J. Vickers (1994), *Regulatory Reform: Economic Analysis and British Experience*, MIT Press Massachusetts y Sappington, David y J. Stiglitz (1987), *Information and regulation*, Elizabeth Bailey (ed.), Public Regulation. Perspectives on Institutions and Policies, Cambridge, MAA, MIT Press y Hay, Donald (1993), "The assessment: Competition policy", *Oxford Review of Economic Policy*, Vol. 9, N°2, verano.

b) Institucionalidad regulatoria

Un mercado eficiente presupone una autoridad reguladora que funcione correctamente. Se deben estudiar mecanismos de regulación lo más objetivos y precisos posibles. La autoridad reguladora puede ser unipersonal o colectiva; puede haber varias autoridades, o una comisión unificada.

La capacidad reguladora del Estado supone la existencia de un marco normativo adecuado, equipos técnicos de alto nivel y una institucionalidad que garantice la efectividad del regulador. Las actividades de regulación deben operar con reglas claras y preestablecidas, y en los temas más importantes, sus resoluciones deben poder ser apeladas, por ejemplo, ante la autoridad antimonopolios.

Se requieren los recursos humanos para cumplir eficazmente las funciones de regulación. Es necesario proveer a los organismos como superintendencias y ministerios encargados de llevar a cabo este proceso del personal calificado y de reconocida capacidad que pueda efectuar esta difícil tarea. Ello exige, además, dotar a estas dependencias de los recursos necesarios para que las remuneraciones a su personal sean competitivas con las del respectivo sector privado.

El ejercicio de la regulación tiene como prerrequisitos el disponer de información especializada sobre la dinámica y las tendencias de evolución del mercado o sector respectivo.

Otra alternativa es la unificación en una comisión reguladora de servicios de utilidad pública de los entes responsables de la regulación sectorial. Si bien existen diferencias técnicas según el sector de que se trate, es indudable que también existen numerosos factores comunes referidos al proceso, objetivos y evaluación de la regulación. Esta Comisión Reguladora de Servicios de Utilidad Pública estaría integrada por consejeros de alta responsabilidad y renovables por períodos diferentes; sus dictámenes deberían ser apelables ante una Comisión Antimonopólica y los Tribunales de Justicia.

En todo caso los reguladores deberían acordar

un conjunto de reglas comunes allí donde sea apropiado. La credibilidad del sistema regulatorio pierde por la utilización de métodos inconsistentes para tomar decisiones de precios.

En términos más generales, es importante definir mecanismos eficientes para resolver los conflictos que pueden surgir en el proceso regulatorio entre el Estado y las empresas.

Como se sabe, la teoría de la regulación tiene como un supuesto básico que el objetivo del regulador es mejorar el bienestar social. Sin embargo, la presión de los grupos de interés asociados a las empresas reguladas, los frecuentes contactos entre regulados y reguladores, y la comunidad de intereses que existe entre empresarios y trabajadores de la industria regulada, permiten que en muchos casos el regulador sea influido y responda en mayor medida a los intereses de los regulados que a los de los consumidores.

Para atenuar los riesgos de la captura del regulador se ha planteado la posibilidad de establecer la figura legal del defensor de los usuarios. Se trataría de un organismo autónomo que podría investigar, analizar, hacer denuncias y representar a las autoridades fiscalizadoras y reguladoras aspectos relacionados con sus funciones en relación a los servicios públicos.

Las posibilidades de que las asociaciones de

consumidores puedan apelar de las decisiones de las autoridades regulatorias debe examinarse con cuidado, ya que este procedimiento, al no tener costos para dichos grupos, podría generalizarse entrabando el sistema regulatorio.

c) Instrumentos para regular

Una adecuada regulación restringe al mínimo o elimina los elementos discrecionales, particularmente en cuanto a la fijación de precios; en cambio, establece mecanismos automáticos que aumentan la flexibilidad y la eficiencia de las normas.

Existe regulación estructural cuando la autoridad determina cuáles firmas pueden o deben ingresar en determinadas actividades. Con ella se busca evitar opciones de negocios que puedan ser deseables desde el punto de vista de la empresa, pero que no lo sean desde el punto de vista público y que son difíciles de regular mediante el control de conductas.

La regulación de conductas puede asumir diversas formas. En general, debería preferirse la posibilidad de ampliar la competencia; cuando ello no es posible debe recurrirse a la fijación de tarifas. En este caso corresponde crear un sistema estructurado sobre la base de un conjunto de normas objetivas y de alcance general, que determinen la forma cómo calcular lo que sería un precio para el bien o servicio si el mercado en que se transara fuera competitivo.

En la medida que esas normas son adecuadas, quedará mejor espacio para la discrecionalidad administrativa. Su necesaria estabilidad puede ser asegurada mediante la dictación de una ley al respecto.

Los diversos procesos regulatorios podrían ser simplificados u homologados, hasta donde lo permita lo específico del tema. Si bien existen diferencias técnicas según el sector de que se trate, es indudable que también existen numerosos factores comunes referidos al proceso, objetivos y evaluación de la regulación.

Como una forma de aumentar la transparencia de las decisiones regulatorias de los servicios públicos, deberían publicarse de modo más completo las razones que justifican las respectivas decisiones, de un modo en el que sea posible desafiarlas. En este mismo sentido, podría considerarse la constitución de un comité parlamentario seleccionado ante el cual los reguladores pudieran analizar sus decisiones, sin que ello signifique la reintroducción de interferencias políticas arbitrarias.

La regulación puede estar basada en una batería de instrumentos que pueden usarse estratégicamente para obtener el objetivo buscado. También es posible tener una regulación centrada en la solución de algún problema específico, lo que implica una combinación de identificación de riesgo, jerarquización de objetivos y control estratégico.

Entre los nuevos procedimientos y sistemas de gestión debe incluirse el traspaso al sector privado de diversas actividades reguladoras habituales, no así las tareas de control y supervigilancia, que forman parte de las tareas del sector público.

Recuadro Nº 20
Estados Unidos: Técnicas de regulación

a) De las agencias

- Establecimiento de normas para una determinada categoría de productos o procesos respecto de los que se exigen ciertos requisitos o el cumplimiento de determinadas conductas.
- Examen individualizado de productos, procesos y productores, al que se recurre cuando resulta difícil expresar y medir de manera uniforme los requisitos deseados, o bien cuando se deben evaluar simultáneamente varios factores.
- Obligación de proporcionar información sobre bienes o servicios ofrecidos.
- Prohibición de prácticas anticompetitivas tales como acuerdos de restricción de la competencia, monopolios y fusiones entre sociedades que disminuyan sustancialmente la competencia.
- Establecimiento de tarifas de acceso a un servicio, basadas en los costos necesarios para proporcionarlos.
- Control de precios sobre una base histórica, corregidos en relación al aumento de costos.

- Asignación según consideraciones de interés público. Un beneficio de valor considerable se concede a algunos solicitantes, excluyendo a otros, a partir de consideraciones preestablecidas.
- Asignación con base histórica, donde los beneficios escasos se atribuyen a los que los han recibido o utilizado en el pasado.

b) Mediante normas legislativas

- Impuestos o tarifas para enfrentar problemas de redistribución mejor que con el control de precios y para desalentar ciertos comportamientos sin incurrir en los costos administrativos y en los efectos que desaniman la innovación.
- Derechos transferibles, como permisos para descargar en el ambiente natural una cierta cantidad de sustancias contaminantes. Este método permite cuantificar la magnitud permitida y su progresiva reducción.
- Instrumentos contractuales, tales como el otorgamiento de concesión, licencia o franquicias.
- Normativa general de derecho privado, particularmente la referida a la asignación de responsabilidad contractual o civil.
- Negociación de las reglas entre los sujetos interesados, incluyendo el sector público.
- Propiedad y manejo directo por parte del Estado de empresas y servicios.
- Subsidios, en forma de contribuciones de fondo perdido, préstamos con tasas preferenciales, deducciones o créditos fiscales, intercambios en especies, concedidos con la condición de que el beneficiario tenga una conducta deseable o posea ciertas características.

Fuente: Giandomenico Majone y Antonio La Spina, "El Estado regulador", *Gestión y políticas públicas*, Vol.2, Nº 2, México D.F., julio-diciembre de 1993.

d) El caso de los monopolios naturales

Dado que en los casos de monopolio natural es más eficiente la producción por un solo oferente —porque ella evita duplicaciones ineficientes— la competencia podría aparecer como antagónica con la producción eficiente. Sin embargo, incluso en estos casos existe un potencial de competencia.

Para ello es conveniente separar las diferentes fases de prestación de los servicios y entregar concesiones superpuestas para eliminar monopolios naturales en el transporte y en la distribución de servicios de utilidad pública. El grado de integración horizontal y vertical, el goce de derechos legales exclusivos, la concentración de la oferta y el número de oferentes independientes de servicios que tienen características de monopolio natural determinan barreras de entrada que pueden ser analizadas por separado.

Las disposiciones que promueven la separación de las diferentes actividades que conforman el proceso de prestación de un servicio de utilidad pública, así como la entrega de concesiones superpuestas y la disposición de que se pueda utilizar por parte de múltiples empresas las vías o ductos para fomentar la competencia y restringir de ese modo el ámbito regulado, son insuficientes si no existen limitaciones al grado de control de una empresa sobre una determinada fase y sobre otros servicios públicos conectados[208].

Si la competencia echa raíces, puede con el tiempo reemplazar la regulación por completo. El obstáculo es que a menudo se requiere una cuidadosa regulación para iniciar el proceso. Una razón de esto es que las firmas en sectores competitivos de servicios públicos a menudo necesitan acceso a una red de distribución monopólica. Incluso entonces, persistirán los problemas: los reguladores todavía no han ideado un sistema de tarificación de acceso a la red que asegure que las firmas más eficientes, y únicamente ésas, ingresen a la industria. Y los sectores competitivos pueden también ser dominados por un pequeño número de firmas, las que pueden utilizar su fuerza para no permitir el ingreso de nuevas firmas.

En este sentido también se ha planteado que con posterioridad a la desregulación, las uniones de empresas deben analizarse con particular atención, ya que con ellas podría disolverse la situación competitiva que se intentó crear. También pueden dar origen a acuerdos con objetivos anti-

208. "Las orientaciones generales de la legislación regulatoria para servicios públicos promovida por la Concertación", *Bitácora Económica*, Nº 2, Tiempo 2000/CIEPLAN, mayo 1996.

competitivos los que deberían también ser impedidos. Por otra parte, la desregulación inducirá a uniones que fomenten la eficiencia en la asignación de recursos: es importante distinguir entre ambos movimientos[209].

En determinadas circunstancias la amenaza del potencial ingreso de un competidor a un sector de monopolio natural puede producir una solución competitiva, aun cuando exista una oferta monopólica. Este tipo de mercado se llama "desafiable", ya que quienes buscan ingresar a él no tienen desventajas en relación al monopolista en términos de costos hundidos y escala de producción. Frecuentemente los monopolios naturales no son desafiables y la maximización de las utilidades es inconsistente con la maximización del bienestar del consumidor y del interés público.

Una alternativa a la privatización de un monopolio natural es la de mantener la propiedad del Estado sobre ella, pero realizar una operación privada de la empresa, por ejemplo, mediante asignaciones de una concesión mediante licitaciones competitivas periódicas. El principal problema que presenta esta alternativa es el de los costos hundidos, los que deberían ser considerados para

---

209. OCDE (1992), *Regulatory Reform. Privatization and Competition*, París.

la nueva licitación. Por otra parte, la externalización de determinados servicios puede crear competencia por un mercado determinado, cuando
no es posible crear competencia en el conjunto
del mercado.

Un enfoque distinto sobre la regulación de los
monopolios naturales enfatiza la necesidad de
regular conductas, más que estructuras y de no
impedir las integración vertical por razones de
principio[210]. Se ha plantea que los riesgos de regular estructuras son sustanciales, ya que las eventuales economías de escala, de ámbito y de integración vertical podrían perderse en los casos en
que la regulación de estructuras impida o limite
la integración. Tales economías pueden hacer la
diferencia en materia de rentabilidad e incluso
de competitividad y supervivencia.

Una consecuencia de lo anterior es que, para
algunos autores, la integración vertical más que
un mecanismo que crea costos sociales, puede ser
un medio de reducir costos de transacción. En
diversos casos los costos y ventajas de cada alternativa sólo pueden resolverse analizando los
méritos de las situaciones específicas.

---

210. Paredes, Ricardo (1997): "Integración vertical: teoría
e implicancias de política pública", *Estudios Públicos*, Nº 66
Santiago de Chile, otoño.

Una consideración de importancia en este sentido se refiere a los costos adicionales que involucra desintegrar una empresa por sobre los de prohibirle integrarse. En el caso de separar empresas hay reasignaciones importantes de rentas que no ocurren ante de privatizar. Esta circunstancia se presenta con fuerza cuando se busca la estructura óptima después de privatizar.

Los fiscalizadores están menos informados que los gerentes de servicios públicos acerca de qué tan barata puede ser la administración de las firmas o qué tan buenos son los gerentes. Por eso ellos no pueden simplemente decir a los servicios públicos que reduzcan costos y precios hasta niveles eficientes, o cuánto invertir en nuevo equipo. El arte de la fiscalización reside en estimular a las firmas para que maximicen la eficiencia al menor costo, no obstante su ventaja informativa[211].

e) Tarifas de los monopolios naturales

La existencia de altos costos de transacción y, en particular de información imperfecta sobre los costos de las empresas reguladas, presenta dificultades

[211] Véase Bitrán, Eduardo y E. Saavedra (1993): "Promoción de la competencia y regulación de los monopolios naturales", en Eugenio Lahera (editor), *Cómo mejorar la gestión pública*, CIEPLAN/FLACSO/Foro 90.

para la fijación de tarifas a los monopolios naturales. Uno de los métodos más utilizados para hacerlo es el de regulación por tasa de retorno, conforme al cual el regulador audita la información entregada por la empresa sobre costos de operación, capital empleado y costos de capital, estableciendo una tasa de retorno razonable con la información de ventas. Este sistema no entrega incentivos para reducir los costos, induce una sobreexpansión del capital y desincentiva la incorporación de tecnologías de punta.

Otro método utilizado es el de regulación por índice de precios, conocido también como IPC-X, en donde X representa una estimación ex ante de los aumentos de eficiencia de la empresa y se fija exógenamente. Esta modalidad no explicita el mecanismo de modificación, lo que genera posibilidad de comportamiento oportunista tanto del regulador como de la empresa regulada.

Deberían estudiarse otros métodos que presenten menos problemas y más ventajas. Uno de ellos corresponde a la determinación de ajustes periódicos basados en la inflación y en una tasa de retorno meta que debería obtener una empresa modelo eficiente. Se trata de establecer una competencia subrogada, impuesta por el modelo de empresa eficiente, cuyos costos corresponden al de diversas empresas reales. Pero ningún método conocido resuelve completamente el problema de asimetría de información.

Una manera de reducir tal asimetría es la de permitir que diferentes empresas operen distintos monopolios locales; para establecer comparaciones de costos entre estos últimos debe evitarse su integración horizontal o colusión.

Un ángulo interesante es que si bien los reguladores pueden ser "capturados" por sus regulados, ellos también pueden serlo por los usuarios, poniendo en peligro el futuro de la respectiva industria.

4. Servicios públicos

Es claro que la relación tradicional entre gobernados y la autoridad está cambiando, orientándose hacia una relación entre ciudadanos y la administración pública; se habla así de la "ciudadanía administrativa". Sin embargo, en muchos países el principio de la legalidad tiende a modificarse paulatinamente y la ley es menos considerada como la garantía de los ciudadanos contra la arbitrariedad de los poderes públicos que como guía de la autoridad administrativa[212].

212. Della Cananea, Giacinto (1993), "Le citoyen et l'administration", *Revue francaise d'administration publique*, Nº67, París, julio-septiembre.

En general la situación es disímil, porque mientras en algunos países se transita de la segunda situación a la primera, hay otros en los que ésta ni siquiera se ha terminado de configurar.

a) Orientación al destinatario

El principio de orientación al destinatario del servicio puede expresarse en la redefinición tanto de funciones como de las modalidades de ejecución y servicio. La calidad del servicio desde el punto de vista del usuario depende de su disponibilidad, accesibilidad y conveniencia, cantidad o volumen, oportunidad, lo adecuado de su carácter, seguridad en las prestaciones etc.[213] Ello no significa descuidar la calidad intrínseca al servicio, la que debe ser objeto de una evaluación específica para determinar la eficiencia de su gestión y su eficacia en la solución de los problemas.

Algunos temas de especial interés son los siguientes:[214]

- posibilidad y extensión de elección por el usuario

213. David Shand, "Service Quality. The International Experience", informe presentado en la Conferencia de Servicios para el Ciudadano, Londres, febrero, 1996.
214. Al respecto, véase OCDE (1996), "Responsive Government. Service Quality Initiatives", París.

- amplitud de los niveles de consulta y participación de los usuarios
- uso efectivo de los mecanismos de queja
- elección y puesta en práctica de mecanismos de reparación por falta o defecto en el servicio
- entrega de información sobre los servicios, en particular la evaluación y efectividad de la responsabilidad por el desempeño en la entrega de los servicios
- impacto de las iniciativas de calidad de los servicios en las relaciones entre diversos niveles del gobierno.

b) Las Cartas Ciudadanas

La calidad de los servicios públicos debe ser garantizada a sus usuarios y en los casos en que falte, es necesario establecer alguna modalidad de control y los objetivos precisos de calidad que han de ser alcanzados de modo progresivo. En este sentido puede mencionarse la publicación de cartas de los usuarios, las que especifiquen los servicios establecidos y sus modalidades de prestación; la determinación de objetivos a los que se apunta en cuanto a tiempo de espera y resultados y de pagos compensatorios o devolución de costos en casos de incumplimiento; el derecho a solicitar inspectores; y el establecimiento de contratos formales por área.

Varios países cuentan con Cartas en las que se detallan aspectos de la calidad esperada: Bélgica, Canadá, Francia, Portugal, Reino Unido. En Estados Unidos las instituciones del sector público deben publicar sus declaraciones de estándares. En otros países la calidad del servicio ha sido planteada a nivel de gobiernos locales o de algunas empresas públicas específicas.

En la Carta de los Ciudadanos en el Reino Unido se explicitan los servicios que los ciudadanos tienen derecho a esperar y se establecen las compensaciones que deberían recibir en caso que ello no suceda en la forma o con la calidad señalada. La especificación de objetivos de calidad para un rango de servicios públicos contó con un importante apoyo. Pero cuando la discusión se centró en cómo hacer cumplir estos objetivos, emergieron las preguntas más difíciles. Si se trata de servicios por un precio, la situación es diferente a otra en la que no existe pago. Si no es posible la compensación monetaria, pareciera que la alternativa es la publicidad adversa sobre el respectivo servicio y las exhortaciones a que éste mejore.

Siguiendo una orientación por resultados, sería conveniente establecer procedimientos y canales de retribución del sector público a los usuarios de sus servicios, en casos de incumplimiento o mal servicio. El Estado debe ser responsable por los daños que cause la gestión pública, así como por la falta de servicio, sin perjuicio de la responsabilidad que pueda corresponderle a los funcionarios.

En el caso de Estados Unidos, el Acta de Oferta de Bienes y Servicios de 1982 estableció para los servicios privados, que los consumidores con un contrato de servicio tienen derecho a compensación, si la oferta no se cumple. La existencia de estos derechos ha significado que servicios tales como las lavanderías y el procesamiento de material fotográfico ofrecen automáticamente garantías de compensación y/o devolución del dinero en caso de insatisfacción del cliente.

En otros países son frecuentes más bien las cláusulas de eliminación de responsabilidad en caso que no se provea el servicio.

Las actividades de las instituciones que defienden los intereses del consumidor podrían extender sus tareas de investigación e información al sector público.

Dos mecanismos que pueden utilizarse para fomentar la calidad de los servicios son los fondos concursables, orientados a financiar adicionalmente iniciativas al respecto; y el Premio Nacional de Calidad, que con determinada frecuencia destaquen a servicios públicos, en diversas categorías.

5. Descentralización y reconversión productiva

a) Descentralización

La cercanía entre las autoridades y las comunidades ofrece una mejor capacidad de respuesta y otorga más transparencia al suministro local de bienes y servicios. Del mismo modo, ella incentiva la introducción de innovaciones a la gestión fiscal local y a la mayor responsabilidad de la población en la esfera política.

El éxito del proceso de descentralización depende del traspaso efectivo del poder de tomar decisiones al nivel local, así como del financiamiento adecuado y de asegurar la indispensable capacidad de gestión a nivel regional y local[215].

215. Ribeiro, Carlos (1993) "Crise fiscal em municipios: uma discussao teórica acerca de suas causas, indicadores e instrumentos", *Planejamento e políticas públicas*, Nº 9, Brasilia, Instituto de Investigación Económica Aplicada (IPEA), junio; y Crowther, Warren (1990), "La regionalización de los servicios gubernamentales: contradicciones inherentes", *Revista centroamericana de administración pública*, Nº 18, San José, Instituto Centroamericano de Administración Pública (ICAP), enero-junio.

Conviene distinguir entre descentralización administrativa y fiscal. Esta última existe cuando los gobiernos subnacionales tienen el poder legal de imponer algunos impuestos y ejecutar gastos dentro de criterios legalmente establecidos[216]. El gran reto de la descentralización es cómo combinar el diseño de un buen sistema de financiamiento con la entrega efectiva de la administración de servicios a los gobiernos subnacionales.

La autonomía administrativa debe extenderse a las instancias proveedoras de servicios (centros de salud, escuelas y otros), para que puedan responder por sus resultados. La experiencia regional indica que un sistema excesivamente rígido, en el que las entidades territoriales y el proveedor directo del servicio no cuente con la autonomía necesaria, ni en la administración de recursos ni en el ámbito laboral, no permite lograr los avances que se esperan de la descentralización en términos de eficiencia.

Lo anterior exige el diseño de esquemas institucionales que, junto con otorgar autonomía, garanticen la orientación, el seguimiento y la coherencia entre el proceso de descentralización

216. Tanzi, Vito (1996), "Fiscal Federalism and Decentralization: A Review of Some Efficiency and Macroeconomic Aspects", *Annual World Bank Conference on Development Economics 1995*, Washington, D.C., Banco Mundial.

y las demás políticas y programas gubernamentales. El gobierno nacional debe reforzar su papel normativo, regulador y orientador del proceso, mientras los gobiernos subnacionales deben mejorar la administración financiera de sus recursos y su capacidad técnica para asumir con mayor eficacia la prestación de servicios básicos y promover la participación de la comunidad. Este proceso de desarrollo institucional debe ir acompañado de programas de capacitación a los funcionarios públicos de distintas categorías y de un adecuado sistema de información, que permita el seguimiento y la evaluación de las transferencias intergubernamentales y, en general, del logro de las metas establecidas en los programas de descentralización.

La desconcentración debería incluir la delegación de facultades a los entes territoriales y funcionales, la delimitación de competencias y un plan operativo de traspaso de éstas, la creación de mecanismos de resolución de conflictos y la relocalización de actividades.

La gestión regional y municipal debe reforzarse, con participación pública y privada por ejemplo, en corporaciones o sociedades de desarrollo, para conciliar el avance y consolidación de los procesos respectivos con las exigencias de una política económica y financiera nacional sana y

coherente, con la debida consideración a prioridades sectoriales y a estándares de calidad en materia de evaluación y gestión de proyectos y otras
materias.

El fortalecimiento institucional del proceso de
descentralización requiere un marco normativo
claro, preciso y coherente. En lo posible dicho
marco podría ser unificado.

Desde un punto de vista político, es esencial
que los gobiernos locales tengan la capacidad
institucional de asumir sus nuevas responsabilidades. Para ello se requieren entes representati-
vos, dotados de competencias y recursos suficientes. Normalmente, será también conveniente
establecer un consejo de desarrollo regional, compuesto por representantes electos de las agrupaciones de empresarios, trabajadores, profesionales
y pobladores. Los gobiernos regionales o municipales también pueden constituir corporaciones o
fundaciones sin fines de lucro destinadas a la promoción y difusión del arte y la cultura, o a participar en ellas.

El proceso de descentralización requiere que se
precisen con claridad las competencias de cada nivel de la administración, no sólo a nivel sectorial,
sino también en sus funciones dentro de cada servicio: regulación, planeación, ejecución, financiamiento, control y evaluación. También conviene

precisar cuáles son las relaciones entre los diversos niveles, cuál es el papel del nivel intermedio o regional y cuál es el nivel sustitutivo en caso de deficiencias del nivel primordialmente responsable.

Es posible plantear acciones coordinadas de carácter horizontal entre los municipios, para generar efectos de mayor espectro. Por ejemplo, en la identificación de proyectos de impacto agregado, la asistencia técnica administrativa y financiera; prestaciones de servicios y ejercicio de funciones administrativas; facultades normativas; delegación de facultades nacionales, entre otros[217].

En diversas macrociudades sería conveniente estudiar el establecimiento de gobiernos metropolitanos.

Recuadro Nº 21
Condiciones de éxito para la descentralización

- Si los aspectos constitucionales o legales son claros y se respetan; si a los gobiernos locales se les da acceso a los recursos necesarios; si éstos tienen una adecuada capacidad de gestión del gasto público, de modo que puedan supervigilar y controlar el ritmo y el destino del gasto.
- Si los burócratas locales tienen la misma calidad que los burócratas nacionales; entonces la descentralización pueden satisfacer las expectativas que despierta.

Fuente: Vitorio Tanzi, 1996, *op. cit.*

---

217. González, Edgar e I. Jaramillo, "El nivel intermedio en el arreglo institucional: diagnóstico y perspectivas en el ámbito latinoamericano", *Serie Política Fiscal*, Nº 86, CEPAL.

Algunos análisis, basados en las dificultades que puede plantear la descentralización, plantean la necesidad de utilizar ritmos diferentes en el proceso. A partir del supuesto que la descentralización puede afectar la estabilidad y la eficiencia agregada, se concluye que la elección no es entre descentralizar o no, en general, sino qué funciones descentralizar, en qué sectores y en qué regiones. Existen razones diferentes para descentralizar los gastos y los impuestos; para tratar de modo específico a diferentes áreas geográficas, así como a distintos sectores y funciones del gobierno[218].

b) Reconversión productiva

En los casos de regiones en crisis, se necesita un consenso nacional en torno al tratamiento que debe dárseles y las medidas que se deben aplicar. Lo mismo sucede en el cruce entre lo regional y lo sectorial, donde corresponde atender necesidades derivadas de actividades que presentan problemas y que son determinantes de la economía regional.

218. Prud'homme, Rémy (1995): "The Dangers of Decentralization", *The World Bank Research Observer*, Vol. 10, Nº 2, agosto.

Los programas de reconversión productiva deben ser compatibles con los objetivos generales de descentralización y con el compromiso de transferir de manera creciente, responsabilidades, competencias y recursos a los gobiernos regionales.

Ellos requieren:

- fortalecer la capacidad de diagnóstico y proyección para detectar áreas con problemas
- distinguir acciones de corto y de largo plazo; las segundas referidas a la reconversión productiva de la zona
- los programas regionales deben permitir la aplicación simultánea de varios instrumentos, tener plazos fijos de aplicación y suponer partidas presupuestarias aprobadas formalmente y que se establezca con claridad la autoridad a cargo del programa.

6. Empresas públicas

a) Marco estratégico

Los criterios de manejo flexible, descentralización operativa y autonomía relativa, combinados en dosis prudentes con la planificación y los controles, junto con más y mejor inversión, constituyen el marco estratégico para las empresas públicas.

Las empresas públicas deben actuar en forma autónoma y su dueño ejercer sus derechos a través del directorio. Este último debe ser nombrado de acuerdo a criterios técnicos, por plazos adecuados a las necesidades de la empresa, con responsabilidades de gestión y patrimoniales claras y estrictas, y con prescindencia de criterios políticos. Los directivos deben ser evaluados; los niveles ejecutivos de las empresas públicas deben responder por resultados y metas frente al Estado.

Las actividades productivas que se mantengan en el sector público requieren empresas autónomas que cuenten con mecanismos eficientes de determinación de precios y que incluyan la maximización de utilidades entre sus principales objetivos. Esto lleva implícito el abandono o la precisión de objetivos extraeconómicos, redistributivos o de eficiencia sistémica del conjunto de la economía en la operación de tales empresas[219].

b) Aspectos institucionales

Dichas empresas debieran ser entidades autónomas, independientes del gobierno, y por lo menos con las mismas exigencias en términos de información que se aplican a las sociedades anónimas

219. Rees, Ray (1984): *Public Enterprise Economics*, St. Martin's Press, Nueva York.

abiertas. También debieran poder desempeñarse como las demás empresas en aspectos determinantes y no renunciar al desarrollo de nuevos negocios en asociación con privados.

A estos objetivos ayuda terminar con su dependencia de más de algún ministerio o repartición.

En el aspecto financiero podría buscarse una mayor autonomía y transparencia, avanzando en la eliminación de los subsidios o, cuando ellos sean necesarios, revisándolos desde el punto de vista cuantitativo y temporal.

Existe un equilibrio difícil de lograr, pero muy necesario, entre la autonomía y la responsabilidad de las empresas públicas. La segunda puede ser facilitada por buenos sistemas de información, por la existencia de objetivos que se traduzcan en indicadores cuantitativos y por la actividad de un organismo que vigile y evalúe su desempeño[220].

7. La privatización ¿es una reforma?

Para algunos, el objetivo de la reforma del Estado es la privatización de todo lo posible. Este enfoque contiene una paradoja, ya que aquello que es privatizado sale del sector público. De allí que

---

220. Mary M. Shirley, *The Reform of State-Owned Enterprises*, Washington, D.C., Banco Mundial, 1989.

se le complemente con la generalización de mecanismos de mercado, como los ya planteados en una sección anterior. El único límite se encuentra en la generación de la mayor parte de los bienes públicos.

El terreno para la privatización, sin embargo, es menor al supuesto por este enfoque. Conviene privatizar aquellas empresas que proveen bienes y servicios en mercados competitivos o en los que existe suficiente capacidad de regulación; en el caso de los segundos primero debe asegurarse la calidad de la regulación y después privatizar.

La privatización funciona mejor cuando forma parte de una conjunto de reformas económicas que promueven la eficiencia; por ello es necesario eliminar previa o simultáneamente las restricciones a la competencia. En el caso de empresas que operan en mercados imperfectos o cumplen funciones sociales, se debería trabajar en el diseño e instauración de un marco regulatorio y subsidiario, como condición previa a su privatización. Por otra parte, la privatización contribuye a mejorar la eficiencia del conjunto de la economía cuando ella da un fuerte impulso a sectores enteros y no sólo a firmas en particular[221].

221. Boeker, Paul (1995), "Diagnóstico del primer decenio de privatizaciones en América Latina", *Reforma económica hoy*, Nº 45.

En los casos de desregulación con privatización, es indispensable que ellas vayan precedidas de la restructuración del respectivo sector o empresa. Las empresas pueden ser divididas conforme a criterios económicos que apunten a favorecer la competencia.

Las actividades competitivas deberían ser separadas de aquellas que retengan características monopólicas; de ese modo se evitan los subsidios cruzados y la protección de la ineficiencia. Esta división puede realizarse mediante la creación de firmas separadas, asegurando que la competencia no será distorsionada mediante subsidios cruzados y que las firmas en el sector competitivo no serán protegidas de su propia ineficiencia. El sistema de tarifas que se adopte debe entregar señales correctas de precios a los consumidores e incentivar la eficiencia o el financiamiento de las empresas.

En todo caso, corresponde al sector público establecer las condiciones para que la competitividad y eficiencia agregada resultantes sean en todo caso mayores y no menores con posterioridad a al proceso de privatización. Conviene atender a diversas condiciones de transparencia: acceso a la información; subsidios claros; destino de los ingresos provenientes de las enajenaciones; evaluación posterior; normas de divulgación; y reglas de incompatibilidades. Por otra parte, para maximizar los precios puede ser necesario recurrir a: diversas estimaciones de valor; reestructuraciones previas a la enajenación; licitaciones públicas para contratar bancos agentes; venta al mejor postor, minimizando criterios distintos al de la eficiencia; venta de acciones en paquetes pequeños; exigencia de pago en efectivo; y retención de una acción especial por el sector público[222].

Desde otro punto de vista, se puede considerar la asignación especial de los ingresos de las privatizaciones a fondos sociales. Por lo demás, se requiere algún tipo de acuerdo con y apoyo a los empleados redundantes de las empresas públicas.

Las ineficiencias de los servicios públicos manejados por el Estado con frecuencia son tan grandes, y los términos de las privatizaciones son tan generosos, que es posible que se requieran varias revisiones de precios para que los reguladores puedan extraer todas las eficiencias potenciales. Hasta entonces el marco regulador será impopular[223].

222. Del Castillo, Graciana (1995), "Privatization in Latin America: From myth to reality", *Serie Reformas de política pública*, Nº 32 (LC/L.880), Santiago de Chile, CEPAL; y Devlin, Robert (1993), "Las privatizaciones y el bienestar social", *Revista de la CEPAL*, Nº 49 (LC/G.1757-P), Santiago de Chile, CEPAL, abril.

223. Maddox, Bronwen (1995), "Unloved and Undervalued", *Financial Times*, 20 de marzo.

V. EVALUACIÓN SIMULTÁNEA Y POSTERIOR

*No existe norma por la que se pueda
juzgar lo que no tiene ley.*
Charles Lamb, 1823

La evaluación es un ejercicio de estimación que puede ser hecho en forma previa, coetánea o posterior a la realización de la inversión o la implementación de una política[224]. Se trata de un juicio sistemático y analítico referido a aspectos importantes de una política y su valor, orientada a que sus conclusiones puedan ser confiables y utilizadas por los usuarios.

La evaluación previa de las políticas públicas fue analizada en la sección sobre diseño de las políticas; mientras la evaluación previa de la inversiones fue examinada en la sección gestión sobre aspectos financieros. Complementariamente, debe generalizarse la evaluación coetánea y *ex post*, tanto de los aspectos sustantivos como instrumentales de las políticas públicas[225].

224. Ballart, Xavier (1992), *¿Cómo evaluar programas y servicios públicos?*, Ministerio para las Administraciones Públicas, Madrid.

225. Booth, Simon A. (1989), "La gestion de l'innovation: un modèle général", XXI Congreso Internacional de Ciencias Administrativas, Marraquech, 24 al 28 de julio.

Cabe recordar que la orientación natural de las políticas públicas es hacia resultados, los que pueden o no lograrse; no habrá orientación a resultados sin evaluación. A su vez, la gestión de resultados debe ser sujeta a una evaluación, como cualquier otro proceso directivo en la organización. La integración excesiva de la evaluación y de la gestión por resultados debilitaría la capacidad de la evaluación para entregar un juicio sobre la calidad de la gestión por resultados y respecto de cómo mejorarla.

Esta parte del ciclo analítico de las políticas públicas corresponde al juicio sobre los resultados de éstas, las organizaciones o programas, con énfasis en la confiabilidad y utilidad de sus conclusiones.

Si bien su papel es el de mejorar la información y reducir la incertidumbre, incluso las evaluaciones basadas en métodos rigurosos, se basan en juicios de sus autores[226].

El gobierno puede apoyar una cultura de evaluación que fomente la innovación y adaptación a un medio cambiante. El mensaje principal es que para seguir siendo relevantes, las organizaciones necesitan un aprendizaje continuo y retroalimentación sobre resultados.

---

226. OECD (1998), "Improving Evaluation Practices", París.

La organización de la evaluación debería corresponder a las necesidades y prioridades en las áreas de la política.

Recuadro N° 22
Ciclo analítico de las políticas públicas desde la evaluación

1. Necesidad de evaluación de las políticas públicas[227]

a) Objetivos

Como lo señala con claridad un bestseller:
- lo que puede medirse, se hace
- si no se miden los resultados, éstos no pueden diferenciarse de los fracasos
- si los éxitos no son visibles, no pueden premiarse
- si los éxitos no pueden premiarse, probablemente se esté premiando los fracasos
- si los éxitos no son visibles, no se puede aprender de ellos
- si no se reconocen los fracasos, no se pueden corregir
- si se puede mostrar resultados, es posible obtener apoyo público. Sus objetivos principales son: mejorar los procesos de toma de decisiones, asignación de recursos y la accountability.

La evaluación permite establecer una base común de análisis, a partir de la cual puedan mante-

227. Osborne, David y T. Gaebler (1992): *Reinventing Government: How the Entrepreneurial Spirit is Transforming the Public Sector fron Schollhouse to Statehouse*, City Hall to the Pentagon, Addison-Wesley.

nerse, modificarse o terminarse las políticas públicas en aplicación. También contribuye a mejorar la asignación de recursos públicos a nuevos programas, reformulaciones o ampliaciones sustantivas de ellos, disminuyendo así el carácter inercial del presupuesto.

La evaluación ex post permite realizar un diagnóstico certero de los resultados de las políticas, lo que facilita su perfeccionamiento marginal, a partir de la detección de deficiencias y la sugerencia de otras soluciones. Por otra parte, cualquier iniciativa de reforma se basa en algún tipo de evaluación; el tema aquí es hacerla transparente y que pueda discutirse sobre ella[228].

Por último, una evaluación precisa facilita el otorgamiento de incentivos o la delegación de autonomía

b) Usuarios

Los usuarios de la evaluación son los diseñadores de políticas, la Dirección de Presupuesto, los auditores, los gerentes de políticas o programas y el correspondiente personal, los usuarios de servicios, etc.

228. Lahera, Eugenio, "Evaluación instrumental de políticas públicas", *Revista de administración pública*, Nº 6, Santiago de Chile, Universidad de Chile, diciembre.

Los stakeholder son las personas u organizaciones que tienen interés en la política o programa que se evalúa y en sus conclusiones. Los stakeholder y los usuarios a menudo son los mismos.

La demanda por evaluación debe ser generada, especificada y articulada por stakeholder internos y externos. La evaluación sin apropiación por los stakeholder es improbable que tenga efecto.

c) Evaluación y auditoría

La evaluación y la auditoría son funciones con distinto origen histórico y realizadas por instituciones diferentes. En algunos casos los límites se han hecho difusos: la auditoría ha extendido su rango hacia temas referidos al desempeño. Esto ocurre en Suecia, Reino Unido y Holanda.

Recuadro Nº 23
Evaluación y otros métodos

La evaluación se distingue de otros métodos de retroalimentación:
- De los estudios científicos, porque ella se focaliza en el uso práctico de la información.
- De la auditoría tradicional, porque la evaluación es más amplia, ya que incluye opiniones sobre la oportunidad de los objetivos y la eficiencia de la efectividad de su logro.
- Del control, porque la evaluación lo necesita como insumo para su realización en un solo esfuerzo y con mayor información sobre una política.

> • De la medición de resultados, porque la evaluación busca explicaciones para los resultados y una mayor comprensión de la lógica de la intervención pública.
> • De la evaluación ex ante, porque la evaluación se realiza ex post.
>
> Fuente: OECD (1999), *Improving Evaluation Practices*, PUMA/PAC (99)1, París.

2. SISTEMAS DE EVALUACIÓN

> *Experiencia es lo que se obtiene*
> *cuando no se logra lo que se quería.*
> Ley de Lenz, 1979

La evaluación ex post tiene por lo menos dos posibilidades. La primera corresponde a la evaluación de los objetivos de las políticas y de la consideración de soluciones optativas. La segunda corresponde a la evaluación de la gestión, con finalidades más restringidas, el objetivo no está en cuestión. En el primer caso, la evaluación puede hacerse reconstruyendo el proceso que fue de las ideas a la agenda, de la agenda al programa y de éste a las políticas públicas.

a) Precisión de los objetivos de la política a ser evaluada

Como lo señalara hace unos años Hugh Heclo, las políticas no son un fenómeno autodefinido. No existe un conjunto único de decisiones, actores e instituciones constitutivo de las políticas que pueda ser descubierto y descrito. Más bien, las políticas son una creación intelectual, una categoría analítica cuyo contenido debe ser previamente identificado por el analista[229].

La inexistencia de una definición precisa de la misión de cada sector al interior del gobierno impide analizar la coherencia y la consistencia de las políticas. De ese modo, por deficiencias de las políticas, su evaluación es limitada a su viabilidad y su beneficio neto actualizado en un cierto período.

En cambio, un esquema de gestión pública orientado a los resultados requiere una definición clara de la misión y objetivos de los organismos públicos; una caracterización de productos y resultados, susceptibles de ser estimados de modo preciso; la asignación de responsabilidades específicas[230].

Para facilitar la evaluación es necesario definir con claridad, ya en el diseño de las políticas, los

229. Heclo, Hugh: "Review article: Policiy anallysis", *British Journal of Political Science*, enero 1972; y Lahera, Eugenio (1980), "Evaluación instrumental de políticas públicas", *Revista de administración pública*, Nº 6, Santiago de Chile, Universidad de Chile, diciembre.

230. Marcel, Mario (1993): "Mitos y recetas en la reforma de la gestión pública", en Eugenio Lahera (editor), *Cómo mejorar la gestión pública*, CIEPLAN/FLACSO/Foro 90, Santiago.

resultados que se esperan y posibilitar la generación de indicadores que la faciliten. Por ejemplo, a fines de 1985, se decidió en el Reino Unido que todas las propuestas presentadas al Gabinete o a los comités ministeriales, deberían ser acompañadas de antecedentes precisos sobre sus objetivos, las demoras, el costo de su realización y sus modalidades de evaluación.

Si lo anterior no se cumple, corresponde utilizar un enfoque sub-óptimo. Para que las políticas públicas puedan ser evaluadas más fácilmente, conviene hacer una formulación sistemática de ellas, procurar que los estudios previos a las decisiones y los resultados de las evaluaciones ex post se complementen, e incluir como opción del proceso de evaluación la extinción de la política respectiva[231].

En caso de no cumplir con alguno de los requisitos anteriores, la evaluación es difícil o arbitraria.

b) Rutina de evaluación

La elección de criterios de evaluación puede ser problemática porque los objetivos de las políticas

---

231. (1986), "Évaluer les politiques publiques", Commissariat Général du Plan, documento interno, Francia, mayo.

públicas con frecuencia son múltiples, vagos, escondidos o estar en pleno desarrollo o incluso en claro conflicto.

Con frecuencia es difícil identificar los resultados de los programas. Además de la política, es posible que existan otras causas que generen total o parcialmente tales resultados. Por otra parte es complejo generalizar sobre si los resultados de la evaluación pueden ser aplicados a otros temas, tiempos o lugares.

Conviene que los evaluadores expliciten los supuestos, las incertidumbres y otras limitaciones metodológicas de la evaluación.

A fin de evitar otra fuente de posible arbitrariedad, es necesario definir una rutina del proceso de evaluación, la que debe incluir sus modalidades, el carácter público de sus conclusiones y el tipo de opciones que pueden plantearse.

Para ello es necesario definir una rutina del proceso de evaluación, la que debe incluir sus modalidades, el carácter público de sus conclusiones y el tipo de opciones que pueden plantearse.

Las evaluaciones en profundidad tienen por objeto integrar la evaluación de los resultados de las políticas —entendidos como los beneficios de corto, mediano y largo plazo según corresponda— con la evaluación de eficiencia y economía en el uso de los recursos, y con los aspectos relativos a la gestión de los procesos internos de los programas.

Las evaluaciones usadas en la metodología de marco lógico utilizada por organismos multilaterales de desarrollo, como el Banco Mundial y el BID están centradas en identificar los objetivos de los programas y luego determinar la consistencia de su diseño y resultados con esos objetivos. La metodología utilizada permite que sobre la base de los antecedentes e información existente, se concluya en un plazo razonable en juicios evaluativos de los principales aspectos del desempeño de los programas.

La evaluación es realizada por un panel de expertos independientes seleccionados a través de un concurso público. Estos paneles cuentan con acceso a la información sobre el funcionamiento y resultados de los programas, pudiendo encargar investigaciones específicas para apoyar su trabajo. A lo largo de la evaluación, que se extiende por un período de cinco meses, los paneles cuentan con una contraparte técnica establecida por los organismos ejecutores de los programas.

El foco de ambas evaluaciones está centrado en analizar los resultados e impactos (eficacia) de mediano plazo de los programas, entendidos como los beneficios para la población atendida que se derivan directamente de la producción de sus componentes. No obstante lo anterior, también entregarán información y antecedentes evaluativos acerca de los procesos y productos vinculados directamente con cada uno de los componentes, Asimismo, ambas evaluaciones analizarán en profundidad los aspectos programáticos y operativos en relación a la ejecución de los programas, y el grado de economía y de eficiencia en el uso de los recursos.

La experiencia señala que no se puede evaluar sin involucrar la gestión financiera, sin la formación de cuadros superiores y sin la organización adecuada. En cada ministerio debe haber una estructura ligera que opere como la memoria de la institución y que pueda ayudar a definir los objetivos operacionales[232].

Es conveniente que se provea una definición estándar para algunos términos básicos, así como la estandarización de formatos básicos utilizados para la evaluación[233].

232. Rouban, Luc (1993), "L'évaluation, nouvel avatar de la rasionalisation administrative? Les limites de l'import-export institutionnel", *Revue française d'administration publique*, Nº 66, Instituto Internacional de Administración Pública, París, abril/junio.

233. National Academy of Public Administration (1994), "Toward Useful Performance Measurement", Lessons Learned From Initial Pilot Performance Plans Prepared Under the Government Performance and Results Act, NAPA, noviembre.

Debe reconocerse que las respectivas organizaciones pueden no tener manera de controlar todos los elementos de los objetivos buscados. Conviene, por lo tanto, que se les solicite categorizar el grado de control que ellas piensan que tienen sobre esos valores.

c) Método

Elegir los métodos para la evaluación puede ser problemático, ya que distintas maneras de recoger y analizar información entregan distintas perspectivas sobre el programa evaluado. Tal puede ser el caso, por ejemplo, del uso de métodos cualitativos y cuantitativos. La calidad del método utilizado es una condición de la credibilidad de la evaluación. Esta calidad depende de temas como el uso de criterios relevantes, información y evidencia adecuada y conclusiones claras y confiables. La transparencia del proceso de evaluación facilita el escrutinio externo de su calidad.

Se requiere un esfuerzo para precisar insumos, procesos, productos y resultados y con ellos estimar la economía (adecuada administración financiera de los recursos), eficiencia (el logro de determinados objetivos preestablecidos a un costo mínimo), y la eficacia (el cumplimiento de los objetivos) de las políticas públicas.

d) Institucionalidad

La creación de mecanismos de evaluación, la multiplicación de indicadores de desempeño y la elaboración de criterios para lograr mejores resultados requieren cambios correspondientes a nivel institucional.

Los diseños institucionales en diversos países industrializados varían conforme a los siguientes criterios:

- grado de centralización (o fragmentación) del sistema o la organización que se encarga de practicar la evaluación
- grado de independencia de las unidades de evaluación respecto de los ejecutores de las políticas evaluadas y el carácter interno o externo de las evaluaciones
- el destino final de los resultados de la evaluación
- el acceso a la información sobre las conclusiones de las evaluaciones por los demás actores sociales
- el nivel de integración de las evaluaciones con la función que desempeñe tradicionalmente dentro de la organización general de la administración pública el auditor, revisor o contador de las cuentas gubernamentales[234].

234. Rist, Ray (comp.)(1990): *Program Evaluation and the Management of Government*, Transaction Books, New Brunswick.

En Estados Unidos, el gobierno cuenta con personal especializado y numeroso para las funciones de evaluación. La institución evaluadora más cercana al Presidente es la Oficina de Administración y Presupuesto.

En Alemania el Ministerio de Hacienda tiene atribuciones legales para pedir evaluaciones a algunos programas sectoriales aplicados por otros ministerios; algunos ministerios tienen entidades especiales de evaluación. En Canadá existe la Unidad de Evaluación de Programas, organizada por la oficina gubernamental de contraloría. La evaluación forma parte del ciclo general de la gestión pública.

En el Reino Unido el proceso de evaluación es ampliamente utilizado, si bien es fragmentado en cuanto a sus métodos y sus participantes, y disperso en cuanto a los organismos involucrados; la Contraloría Nacional depende de la Cámara de los Comunes. Un problema de particular importancia es la reciente proliferación de los *quangos*, que han reemplazado a los organismos públicos tradicionales de servicios y que tienen mayor autonomía que éstos.

En Francia, el nivel de institucionalización es modesto[235]. Las políticas evaluadas son seleccio-

235. Guerrero, Juan Pablo (1995): "La evaluación de políticas públicas: enfoques teóricos y realidades en nueve países

nadas por un comité de ministros. El proyecto resultante se somete al Consejo Científico de Evaluación, el que opina sobre la factibilidad del proyecto. El mismo consejo opina también sobre la calidad del trabajo y, finalmente, toma las decisiones que le parezcan pertinentes una vez concluida la evaluación[236]. La evaluación requiere la libertad de sus autores para redefinir las preguntas de modo de transformarlas en hipótesis susceptibles de ser puestas a prueba. El equipo evaluador debe dar garantías de independencia y competencia, y ser pluridisciplinario.

La Comisión Europea ha institucionalizado la evaluación en algunas áreas de la política comunitaria: tales como la asistencia al desarrollo, la política de investigación y desarrollo tecnológico y los programas financiados a través de los llamados fondos estructurales. Se ha solicitado a cada servicio diseñar su plan anual de evaluación. Se recomienda que las acciones financiadas por el presupuesto anual sean evaluadas por lo menos cada seis años[237].

---

desarrollados", *Gestión y política pública*, Vol. 4, Nº 1, México, D.F., primer semestre.

236. Trosa, Sylvie (1993): "Un premier bilan de l'expérience française", *Revue française d'administration publique*, Nº 66, Instituto Internacional de Administración Pública, París, abril/junio.

237. OECD (1999): Improving Evaluation Practices, PUMA/PAC, París, Francia

La licitación de evaluaciones independientes o externas de políticas conforme a criterios explícitos contribuiría a fortalecer las capacidades analíticas de universidades y centros de estudios. Estas evaluaciones podrían ser licitadas entre aquellas consultoras calificadas inscritas en un registro.

e) Conclusiones

Las consecuencias presupuestarias de la evaluación deberían ser explícitas[238].

¿Qué pasa si las misiones establecidas por las políticas públicas ya no son más relevantes?

¿O si el resultado de un programa no requiere de su continuación, o exige una redefinición significativa?

238. Perret, Bernard (1993): "Réflexions sur les différents modèles d'évaluation", *Revue française d'administration publique*, Nº 66, París, Instituto Internacional de Administración Pública.

288 EUGENIO LAHERA PARADAEUGENIO LAHERA PARADA

3. INDICADORES

> *Alguna evidencia circunstancial es*
> *muy poderosa, como cuando*
> *encuentras una trucha en la leche.*
> Henry David Thoreau, 1850.

Si bien diversas actividades están en el sector público precisamente porque existen problemas de medición a su respecto, es más que una frase ingeniosa el decir que si no puede medirse la productividad, tampoco puede saberse si ella mejora, o cuánto.

Dada la diversidad de sus objetivos y la ausencia de criterios incontestables de apreciación de la gestión pública, es necesario avanzar en la especificación de indicadores cuantitativos y cualitativos. Se requiere un esfuerzo para precisar insumos, procesos, productos y resultados y con ellos estimar la eficiencia, eficacia y efectividad de las políticas públicas.

Los indicadores de desempeño entregan información cuantitativa respecto al logro o resultado en la entrega de los productos o servicios generados por la institución, pudiendo cubrir aspectos cualitativos de este logro, directamente relacionados con alguno de los productos o servicios que ofrece la institución o tener un carácter más amplio, que englobe todo su quehacer.

Los indicadores numéricos pueden incluir lo siguiente: costos de operación o producción, porcentaje de errores o rechazos, participación en el mercado, reducción del tiempo de procesamiento, porcentaje de las reclamaciones sobre el número de atenciones, rotación de los empleados y ausentismo de los funcionarios. Sin duda, existen otros indicadores posibles relacionados con la satisfacción del usuario, a partir de encuestas[239].

La eficiencia puede medirse como el logro de determinados objetivos preestablecidos a un costo mínimo. Algunos indicadores al respecto son los de unidad de tiempo, dotación de personal, y gasto en bienes y servicios requeridos para producir cada prestación. También puede examinarse a través del tiempo la participación de los costos de administración y los costos de operación en los costos totales.

La eficacia corresponde al logro de los objetivos. Para medirla pueden utilizarse indicadores de diverso tipo: de calidad (número de errores y de reclamos por casos atendidos, número de reclamos sobre casos resueltos); de cobertura (número de usuarios en relación a los usuarios potenciales); y

239. Tironi, Luis F. (1993): "Indicadores da qualidade e produtividade: conceitos e usos", *Revista indicadores da qualidade e produtividade*, año I, Nº 1, Brasilia, D.F., Instituto de Investigación Económica Aplicada (IPEA), febrero.

de oportunidad (tiempo de espera promedio, demora promedio en entrega del servicio, velocidad de respuesta a llamadas, cartas, reclamos).

La economía alude a la adecuada administración financiera de los recursos. Algunos indicadores son: desempeño financiero (superávit operacional, superávit sobre ingreso bruto) y la autosuficiencia (ingresos propios sobre ingresos totales y sobre gastos de operación)[240].

La National Audit Office del Reino Unido clasifica estos indicadores en: de economía (costo de insumos), eficiencia (relación entre producto e ingresos), y efectividad (hasta dónde el producto contribuye al logro de los objetivos). A ellos pueden sumarse otros, como la calidad de los servicios (satisfacción de los usuarios y producción)[241]. El Acta de Desempeño y Resultados del Gobierno, una ley de 1993 en los Estados Unidos, determina que los jefes de organismos federales deben presentar planes estratégicos de cinco años sobre metas de desempeño en los programas de sus actividades. Anualmente se deberá informar al Ejecutivo y

240. Dirección de Presupuesto (1994): Guía para la elaboración de indicadores de evaluación de la gestión en el sector público, Santiago de Chile, junio.

241. Tironi, Luis F. y otros (1993): "Indicadores da qualidade e produtividade: um relato de experiencias no setor público", *Texto para discussâo*, Nº 263, Brasilia, D.F., Instituto de Investigación Económica Aplicada (IPEA), junio.

al Congreso sobre el desempeño, estableciendo así indicadores para tal efecto, precisando el nivel de desarrollo del programa y realizando una comparación con las metas del plan para el año fiscal[242].

En el caso del Bureau of Labor Statistics, a partir de 1973 y con el apoyo de representantes de otras agencias, se han definido cerca de 3.000 indicadores de producción los que son agrupados en 28 categorías, tales como auditoría de operaciones, mantención de inmuebles, finanzas y contabilidad, servicios de biblioteca, servicios generales de apoyo, de información, transportes, entre otros[243].

Desde otro punto de vista, la evaluación económica marginalista es un método desproporcionado, si se le usa con exclusión de los demás, en relación a temas como la infraestructura, la salud, la educación o la justicia[244].

242. *El Diario*, 4 de agosto de 1993, Santiago de Chile.

243. Moreira, Daniel Augusto (1993): "Medida da Produtividade em Atividades de Serviçôes, *Revista Indicadores da Qualidade e Produtividade*, Brasilia, Instituto de Investigación Económica Aplicada (IPEA).

244. Vignolo, Carlos y C. Vergara (1994): "Diseño y evaluación de sistemas públicos: una proposición", Universidad de Chile, Departamento de Ingeniería Industrial, División de Proyectos Externos, Santiago de Chile.

En el caso de las actividades difíciles de medir, resulta útil la existencia de centros de gastos —de organismos que producen servicios a ser transferidos sin tasas o precios— o centros de contribución, en los que producen bienes que son vendidos a otros centros con mecanismos de precios o que son transferidos al público a través de una tasa o tarifa[245].

Más allá de todos los esfuerzos por mejorar la calidad de los indicadores, es indudable que éstos pueden quedarse atrás respecto de las políticas de nueva relevancia. De allí que requieran ser actualizadas cada cierto tiempo.

Parece necesario desarrollar indicadores respecto de actividades habitualmente no evaluadas, tales como: la provisión de información pública, la realización de consultas y la búsqueda de compromisos ciudadanos en el diseño de las políticas públicas.

Productividad

La productividad es más que la relación entre la producción y el número de personas empleadas

245. Ribeiro, Carlos y M. Camargo (1994): "Programas de produtividade no setor público: uma Discussão acerca de alguns elementos básicos", *Revista Indicadores da Qualidade e Produtividade*, Año 2, Nº 1, Brasilia, Instituto de Investigación Económica Aplicada (IPEA).

para obtenerlas. La productividad es la relación entre la producción obtenida por una determinada unidad productiva, en un período determinado, y los insumos utilizados para ello. Cuando el denominador es una combinación de trabajo y capital, tenemos la llamada productividad total de los factores. Cuanto mayor el número y la diversidad de los servicios ofrecidos por una institución, mayores serán las dificultades para obtener un índice de productividad representativo de ella[246].

Existen fundamentalmente dos formas de medir la producción de una unidad: por la vía monetaria y la vía física. Cada una plantea sus propias complejidades, especialmente cuando no existe una medida común.

Por supuesto, el aumento de productividad es más que un tema de medición; también se requiere establecer patrones de productividad para los respectivos servicios; y se debe asegurar la cooperación de los funcionarios públicos. A este último respecto existen alternativas interesantes, como la de los círculos de calidad, el enfoque de ganancias compartidas y el de productividad total;

246. Moreira,Daniel Augusto (1993): "Medida da Produtividade em Atividades de Serviços, *Revista Indicadores da Qualidade e Produtividade*, Brasilia, Instituto de Investigación Económica Aplicada (IPEA).

esta última entendida como la generalización de la búsqueda de la productividad en el conjunto de la organización.

4. Algunas especificidades de evaluación

a) Servicios públicos

Los convenios de desempeño deben ser evaluados anualmente. Los resultados más cuantificables deben ser auditados, mientras los más subjetivos deberían ser evaluados de modo independiente. Esto demandará establecer sistemas de información sobre gestión de los servicios públicos, desarrollar una relación de carácter más contractual entre el nivel central y dichos servicios, así como al interior de éstos; y ampliar la flexibilidad en el manejo de sus recursos por parte de los servicios que establezcan y cumplan metas de desempeño[247].

b) Empresas públicas

Las empresas públicas deberían ser evaluadas empezando por la consideración de sus utilidades y

247. Marcel, Mario (1994): "La modernización del Estado y la gestión pública: un desafío también para la autoridad económica", *Vida y derecho*, Nº 15, Santiago de Chile, junio.

realizando diversos ajustes, como el reconocimiento de que algunos costos internos (privados)
son beneficios públicos (por ejemplo, los impuestos). Es necesario también utilizar precios sombra, ya que las valoraciones públicas y privadas
pueden ser divergentes. Por otra parte, es necesario privilegiar el análisis de las tendencias por
sobre el de los niveles y distinguir entre cambios
en la cantidad y en el precio[248].

c) Regulación

La experiencia de décadas de regulación ha con-
firmado que también existen fallas de la regulación. De allí que sea necesario evaluar los resultados de la regulación y de la desregulación.

Las intervenciones que buscan corregir las fallas del mercado pueden tener efectos adversos
no buscados y que afectan a la eficiencia de la
empresa o la actividad y la del sistema económico en su conjunto. Los sistemas de regulación son
particularmente vulnerables a sus eventuales in-
coherencias, ya que sus impactos en general caen
directamente sobre el sector privado y los consumidores; escapan por lo tanto de sistemas de

248. Jones, Leroy P. (1991): "Performance Evaluation for
Public Enterprises", Documento para discusión Nº 122, Banco Mundial, Washington, D.C.

gestión y control más tradicionales, como el presupuesto.

Así, la regulación puede crear importantes costos indirectos: desincentivos a la innovación, reducción de las posibilidades de opción de los consumidores y barreras no arancelarias.

d) Políticas sociales

En la evaluación de proyectos sociales es frecuente
distinguir entre modelos experimentales, cuasi experimentales y no experimentales. Los primeros
se basan en la comparación entre un grupo expe-
rimental y otro de control, los que deberían estar
identificados con anterioridad al inicio del proyecto. Una alternativa más simple es la de controlar el mismo grupo antes y después de finali-
zado el proyecto. Los modelos cuasi experimentales incluyen el diseño de series temporales y el
grupo de control no equivalente. Los modelos
simples o no experimentales incluyen la evaluación antes y después, la evaluación únicamente
después y la evaluación después con un grupo de
comparación[249].

249. Grossman, Jean Baldwin (1994): "Evaluating social
policies: Principles and U.S. experience", *The World Bank
Research Observer*, Vol. 9, Nº 2, julio; y Espinoza, Mario (1995):
Evaluación de proyectos sociales, San José, Costa Rica, Ministerio de Cultura, Juventud y Deportes.

Pueden utilizarse metodologías de evaluación costo-impacto, que permitan analizar tanto la eficiencia como la eficacia de los proyectos sociales. Para estimar el impacto es necesario considerar separadamente los efectos contextuales. Para ello debe efectuarse una medición inicial denominada "línea basal" y luego establecer una o varias "líneas de comparación de resultados"[250].

Un bien público frecuentemente descuidado es el acceso a la información sobre la calidad y la efectividad de los proveedores de servicios sociales. El sector público podría entregar esta información regularmente.

5. Participación en la evaluación

Las personas y organizaciones que tienen un interés en la política o programa evaluado y en las conclusiones de la evaluación (stakeholders) deben poder conocer y utilizar los resultados de las evaluaciones. Los stakeholder pueden participar en las comisiones de evaluación o en un grupo asesor.

---

250. CEPAL (1994): "Proposiciones para una política social moderna que contribuya al desarrollo social" (LC/R.1473), Santiago de Chile, diciembre.

La evaluación no puede sustituir a un debate público informado, si bien puede aportar a éste. Tampoco puede sustituir las decisiones políticas o administrativas que deban tomarse, pero sí ubicarlas en un plano de discusión más racional.

Se ha llamado evaluación interactiva al proceso de investigación participativa que analiza la organización, el funcionamiento y desarrollo de un programa en relación con sus objetivos, las expectativas de sus participantes y los resultados obtenidos. Ella está basada en la interacción directa o indirecta de los usuarios del programa, de éstos con los técnicos y de los técnicos con los directivos[251].

En los servicios públicos resulta muy conveniente la definición de estándares de servicio, los que pueden incluir una descripción del servicio y/o los beneficios que los usuarios deben recibir, descripción de la calidad que puede esperarse en la entrega del servicio, objetivos específicos relativos a los principales aspectos de la prestación, el costo del servicio, y mecanismos que pueden utilizar los usuarios cuando sienten que no se han

251. Briones, Guillermo, "La evaluación interactiva", Santiago de Chile, Programa Interdisciplinario de Investigaciones en Educación (PIIE), (s/f).

respetado los estándares correspondientes[252]. Estos estándares de servicio pueden ser diseñados de modo más preciso en relación a los diversos grupos de usuarios o de finalidades[253-254].

Para medir la satisfacción de los usuarios de servicios públicos pueden utilizarse indicadores diversos, incluyendo aquellos referidos a las instalaciones físicas del servicio, la facilidad de comunicación y comprensibilidad de lo solicitado, el trato y la actitud del personal, la calidad de los servicios recibidos, y una apreciación de conjunto hecha por el usuario[255].

Desde otro punto de vista, los usuarios deberían ser consultados rutinariamente sobre la calidad de la gestión pública y sus resultados.

252. Treasury Board of Canada, *Quality Services*. Service Standards, 1995.

253. Luis F. Tironi, 1993, *op. cit.*

254. Para el caso de Estados Unidos véase (1995): "Putting customers first '95. Standards for Serving the American People", *National Performance Review*, Washington, D.C., octubre.

255. Treasury Board of Canada, *Quality Services*, Measuring Client Satisfaction, 1995.

PALABRAS FINALES

> *La promesa de la democracia es vida,*
> *libertad y la búsqueda de la felicidad.*
> Tomas Jefferson

El propósito de este trabajo ha sido el de entender el proceso por el cual una idea puede llegar a concretarse en acción social y cuáles son las mejores condiciones para que ésta fructifique.

Si estas propuestas ayudan a algún ciudadano lector a mejorar su respectiva administración o gobierno democrático, ellas habrán cumplido el propósito con el que fueron escritas.

ÍNDICE GENERAL

Este libro de terminó de imprimir y encuadernar en
el mes de septiembre de 2002, en los talleres de
Productora Gráfica Andros Ltda., Santa Elena 1955,
Santiago de Chile.
Se tiraron 2.000 ejemplares.